Studien zur Wechselkursunion

Wirtschaftswissenschaftliche Beiträge

Band 1: Christof Aignesberger
Die Innovationsbörse als Instrument zur Risikokapitalversorgung innovativer mittelständischer Unternehmen
1987. 326 Seiten. Brosch. DM 69,-
ISBN 3-7908-0384-7

Band 2: Ulrike Neuerburg
Werbung im Privatfernsehen
1988. 302 Seiten. Brosch. DM 69,-
ISBN 3-7908-0391-X

Band 3: Joachim Peters
Entwicklungsländerorientierte Internationalisierung von Industrieunternehmen
1988. 165 Seiten. Brosch. DM 49,-
ISBN 3-7908-0397-9

Band 4: Günther Chaloupek
Joachim Lamel und Josef Richter (Hrsg.)
Bevölkerungsrückgang und Wirtschaft
1988. 478 Seiten. Brosch. DM 98,-
ISBN 3-7908-0400-2

Band 5: Paul J. J. Welfens und Leszek Balcerowicz (Hrsg.)
Innovationsdynamik im Systemvergleich
1988. 466 Seiten. Brosch. DM 90,-
ISBN 3-7908-0402-9

Band 6: Klaus Fischer
Oligopolistische Marktprozesse
1988. 169 Seiten. Brosch. DM 55,-
ISBN 3-7908-0403-7

Band 7: Michael Laker
Das Mehrproduktunternehmen in einer sich ändernden unsicheren Umwelt
1988. 209 Seiten. Brosch. DM 58,-
ISBN 3-7908-0413-4

Band 8: Irmela von Bülow
Systemgrenzen im Management von Institutionen
1989. 278 Seiten. Brosch. DM 69,-
ISBN 3-7908-0416-9

Band 9: Heinz Neubauer
Lebenswegorientierte Planung technischer Systeme
1989. 183 Seiten. Brosch. DM 55,-
ISBN 3-7908-0422-3

Band 10: Peter Michael Sälter
Externe Effekte: „Marktversagen" oder Systemmerkmal?
1989. 196 Seiten. Brosch. DM 59,-
ISBN 3-7908-0423-1

Band 11: Peter Ockenfels
Informationsbeschaffung auf homogenen Oligopolmärkten
1989. 163 Seiten. Brosch. DM 58,-
ISBN 3-7908-0424-X

Band 12: Olaf Jacob
Aufgabenintegrierte Büroinformationssysteme
1989. 177 Seiten. Brosch. DM 55,-
ISBN 3-7908-0430-4

Band 13: Johann Walter
Innovationsorientierte Umweltpolitik bei komplexen Umweltproblemen
1989. 208 Seiten. Brosch. DM 59,-
ISBN 3-7908-0433-9

Band 14: Detlev Bonneval
Kostenoptimale Verfahren in der statistischen Prozeßkontrolle
1989. 180 Seiten. Brosch. DM 55,-
ISBN 3-7908-0440-1

Band 15: Thomas Rüdel
Kointegration und Fehlerkorrekturmodelle
1989. 138 Seiten. Brosch. DM 49,-
ISBN 3-7908-0441-X

Band 16: Konrad Rentrup
Heinrich von Storch, das „Handbuch der Nationalwirthschaftslehre" und die Konzeption der „inneren Güter"
1989. 146 Seiten. Brosch. DM 55,-
ISBN 3-7908-0445-2

Band 17: Manfred A. Schöner
Überbetriebliche Vermögensbeteiligung
1989. 417 Seiten. DM 98,-
ISBN 3-7908-0446-0

Band 18: Paulo Haufs
DV-Controlling
1989. 166 Seiten. DM 55,-
ISBN 3-7908-0447-9

Band 19: Rainer Völker
Innovationsentscheidungen und Marktstruktur
1989. 221 Seiten. Brosch. DM 65,-
ISBN 3-7908-0452-5

Band 20: Petra Bollmann
Technischer Fortschritt und wirtschaftlicher Wandel
1989. 184 Seiten. Brosch. DM 59,-
ISBN 3-7908-0453-3

Band 21: Franz Hörmann
Das Automatisierte, Integrierte Rechnungswesen
1989. 408 Seiten. Brosch. DM 89,-
ISBN 3-7908-0454-1

Band 22: Winfried Böing
Interne Budgetierung im Krankenhaus
1990. 274 Seiten. Brosch. DM 69,-
ISBN 3-7908-0456-8

Band 23: Gholamreza Nakhaeizadeh und Karl-Heinz Vollmer (Hrsg.)
Neuere Entwicklungen in der Angewandten Ökonometrie
1990. 248 Seiten. Brosch. DM 68,-
ISBN 3-7908-0457-6

Band 24: Thomas Braun
Hedging mit fixen Termingeschäften und Optionen
1990. 167 Seiten. Brosch. DM 55,-
ISBN 3-7908-0459-2

Band 25: Georg Inderst, Peter Mooslechner und Brigitte Unger (Hrsg.)
Das System der Sparförderung in Österreich
1990. 126 Seiten. Brosch. DM 55,-
ISBN 3-7908-0461-4

Band 26: Thomas Apolte und Martin Kessler (Hrsg.)
Regulierung und Deregulierung im Systemvergleich
1990. 313 Seiten. Brosch. DM 79,-
ISBN 3-7908-0462-2

Band 27: Joachim Lamel/Michael Mesch/Jiří Skolka (Hrsg.)
Österreichs Außenhandel mit Dienstleistungen
1990. 335 Seiten. Brosch. DM 79,-
ISBN 3-7908-0467-3

Fortsetzung auf Seite 133

Switgard Feuerstein

Studien zur Wechselkursunion

Makroökonomische Konsequenzen der Wechselwirkungen zwischen festen und flexiblen Wechselkursen

Mit 5 Abbildungen

Springer-Verlag Berlin Heidelberg GmbH

Reihenherausgeber
Werner A. Müller

Autor
Dr. Switgard Feuerstein
Alfred Weber-Institut für
Sozial- und Staatswissenschaften
der Universität Heidelberg
Grabengasse 14
D-6900 Heidelberg

ISBN 978-3-7908-0590-1 ISBN 978-3-662-01118-8 (eBook)
DOI 10.1007/978-3-662-01118-8

D 16
Die Deutsche Bibliothek - CIP-Einheitsaufnahme
Feuerstein, Switgard:
Studien zur Wechselkursunion: makroökonomische
Konsequenzen der Wechselwirkungen zwischen festen und
flexiblen Wechselkursen / Switgard Feuerstein. - Heidelberg:
Physica-Verl., 1992
(Wirtschaftswissenschaftliche Beiträge; 62)
Zugl.: Heidelberg, Univ., Diss.
ISBN 978-3-7908-0590-1
NE: GT

7120/7130-543210 - Gedruckt auf säurefreiem Papier

Inhaltsverzeichnis

Einleitung

Seit dem Zusammenbruch des Systems von Bretton Woods hat es in Europa stets eine Gruppe von Ländern gegeben, die im Umfeld weltweit flexibler Wechselkurse untereinander feste Wechselkurse vereinbart hatten. Von 1972 bis 1979 bestand — in wechselnder Zusammensetzung — die „Schlange“; im März 1979 trat das Europäische Währungssystem (EWS) in Kraft, in dessen Rahmen die meisten EG-Länder eine Wechselkursunion mit untereinander festen Wechselkursen und freien Kursen gegenüber Drittländern bilden.

Über das EWS ist eine umfangreiche, kaum überschaubare Literatur zu vielfältigen Fragestellungen entstanden.[1] Dabei fällt auf, daß meistens nur mit den festen Wechselkursen innerhalb des EWS argumentiert und die Bedeutung des flexiblen Wechselkurses nach außen nicht berücksichtigt wird.

Es gibt nur wenige theoretische Arbeiten, in denen eine Wechselkursunion einschließlich ihrer Beziehungen zu Drittländern modelliert und somit die Besonderheit dieses Wechselkurssystems analysiert wird; in der Einführung wird ein Überblick zu dieser Literatur gegeben. Dabei zeigt sich zum Beispiel, daß der gemeinsame Wechselkurs nach außen ein wichtiger Transmissionsriemen für die Übertragung von Störungen zwischen den Unionsländern sein kann.

An diese Untersuchungen knüpft die vorliegende Arbeit an. In zwei verschiedenen theoretischen Modellen sollen die makroökonomischen Implikationen einer Wechselkursunion aufgezeigt werden. Kapitel 2 enthält ein Portfoliomodell einer Wechselkursunion, in dem die kurzfristige Entwicklung der Zinssätze in den Unionsländern und des gemeinsamen Wechselkurses nach außen erklärt wird. Die betrachteten Störungen umfassen verschiedene Formen der Geldpolitik und Kapitalbewegungen zwischen einem Land der Wechselkursunion und dem Rest der Welt. In Kapitel 3 werden die Auswirkungen der Geld- und Fiskalpolitik auf die Einkommen und die Preisniveaus in den Unionsländern und auf den Wechselkurs gegenüber dem Rest der Welt betrachtet. Dies geschieht im Rahmen eines erweiterten MUNDELL-FLEMING-Modells, in das unterschiedliche Annahmen über das Güterangebot integriert sind. Die verschiedenen Fragestellungen werden in den Einleitungen zu den beiden Kapiteln präzisiert.

Das EWS ist als symmetrisches Festkurssystem konzipiert worden; dennoch hat sich die D-Mark als Leitwährung herausgebildet. Diese Asymmetrie ist Gegenstand vieler Arbeiten zum EWS, z.B. von spieltheoretischen Untersuchungen im Rahmen von Zwei-Länder-Modellen. In der Literatur der Modelle einer Wechselkursunion, die die Verflechtung mit dem Rest der Welt

[1] Hier seien nur stellvertretend die von GIAVAZZI/MICOSSI/MILLER (1988) und ISSING (1988) herausgegebenen Sammelbände und das Buch von GIAVAZZI/GIOVANNINI (1989) genannt, die alle ein breites Spektrum abdecken.

einbeziehen, ist sie aber nicht berücksichtigt. Um die Bedeutung der dominanten Rolle der D-Mark herauszuarbeiten, werden in den Modellen der vorliegenden Arbeit jeweils die Ergebnisse von zwei Versionen gegenübergestellt: Im Grundmodell führen Devisenmarktinterventionen zu entgegengesetzten Geldmengenänderungen in den Unionsländern, während im Leitwährungsmodell die deutsche Zentralbank die Geldmenge trotz ihrer Verpflichtung zu Interventionen kontrollieren kann.

In die theoretische Analyse einer Wechselkursunion müssen mindestens drei Länder einbezogen werden: zwei, die durch einen festen Wechselkurs verbunden sind, und ein drittes, gegenüber dem sie gemeinsam floaten. Mehr-Länder-Modelle werden aber auch bei einfachen Ansätzen schnell umfangreich, und die Interdependenz ist oft so kompliziert, daß die Ergebnisse unbestimmt und nicht mehr interpretierbar sind. Diese Arbeit hat deshalb neben der Analyse der Wechselkursunion auch das Ziel, einen Beitrag zur Frage zu leisten, wie Mehr-Länder-Ansätze modelliert und behandelt werden können. Hervorgehoben sei an dieser Stelle die Anwendung der Methode von AOKI (1981) auf die komparativ-statische Analyse der betrachteten Modelle.

Den beiden Kapiteln, die die Beschreibung und Auswertung der Modelle einer Wechselkursunion enthalten, ist als Kapitel 1 eine Einführung vorangestellt. Zunächst wird kurz auf den Begriff der Wechselkursunion eingegangen und ein Überblick über die Literatur zur makroökonomischen Analyse der Wechselkursunion gegeben. In Abschnitt 1.3 wird erläutert, in welchem Sinn das Europäische Währungssystem *symmetrisch* bzw. *asymmetrisch* ist und warum sich die D-Mark zur Leitwährung entwickeln konnte. Abschnitt 1.4 ist schließlich dem Methodischen gewidmet; es werden die Annahmen, die die Komplexität der Modelle der Wechselkursunion reduzieren, und die Methode von AOKI dargestellt.

Kapitel 1

Einführung

1.1 Der Begriff der Wechselkursunion

Der Begriff der *Währungsunion* ist klar definiert und wird in der wirtschaftswissenschaftlichen Literatur und in der politischen Diskussion um die Europäische Währungsunion entprechend verwendet. Eine *Währungsunion* ist ein Zusammenschluß souveräner Staaten zu einem einheitlichen Währungsgebiet. Es ist eine einheitliche Währung eingeführt, oder die Wechselkurse sind unwiderruflich und ohne Bandbreite bei vollständiger Konvertibilität der Währungen fixiert. In einer Währungsunion kann es nur noch eine einheitliche Geldpolitik geben (vergl. FELDSIEPER 1980).

Dagegen ist der Begriff der *Wechselkursunion* nicht so verbreitet, und er wird nicht einheitlich verwendet. OHR (1990b) bezeichnet damit eine Währungsunion, in der die nationalen Währungen — bei absolut starren Wechselkursen — beibehalten werden.

In dieser Arbeit sei unter einer *Wechselkursunion* ein weniger weitgehender Zusammenschluß verstanden; damit wird der Definition von WILLMS (1990, S.259) gefolgt. In einer *Wechselkursunion* vereinbaren die Mitgliedsländer untereinander feste Wechselkurse mit bestimmten Bandbreiten, die einzelnen Währungen bleiben aber bestehen und werden von nationalen Zentralbanken emittiert. Der entscheidende Unterschied zur Währungsunion ist, daß Paritätsänderungen möglich sind. Außerdem besteht das Risiko, daß ein Land aus der Wechselkursunion ausschert oder daß Kapitalverkehrskontrollen eingeführt werden. Nach dieser Definition bildet das EWS also zur Zeit eine Wechselkursunion, und die Weiterentwicklung zur Währungsunion wird angestrebt.

In theoretischen Ansätzen zur Wechselkursunion können natürlich nicht alle Unterschiede zu einer Währungsunion modelliert werden; insbesondere wird — trotz der Bandbreiten und der Möglichkeit zum Realignment — ein fester Wechselkurs zwischen den Unionsländern angenommen.

Die Modelle der vorliegenden Arbeit, in der die Interdependenz in einer Wechselkursunion analysiert werden soll, unterscheiden sich von Modellen einer Währungsunion in zwei Punkten:

- Erstens wird im Portfoliomodell in Kapitel 2 angenommen, daß die Staatsschuldtitel der Unionsländer unvollkommene Substitute sind, was mit dem verbleibenden Wechselkurs- und Konvertibilitätsrisiko begründet wird.

- Zweitens gibt es nationale Zentralbanken; nur unter dieser Annahme ist es möglich, die jeweiligen Leitwährungsmodelle, in denen die Zentralbank eines Unionslandes die Liquiditätswirkungen von Devisenmarktinterventionen vollständig sterilisiert, zu betrachten.

In dem Modell in Kapitel 3, in dem die Güter- und Geldmärkte betrachtet werden, wird vollständige Kapitalmobilität vorausgesetzt, so daß der erste Punkt nicht zutrifft. Das entsprechende Grundmodell, in dem sich bei Devisenmarktinterventionen die Gesamtgeldmenge nicht verändert, läßt sich deshalb auch als Modell einer Währungsunion interpretieren.

1.2 Literaturüberblick

In diesem Abschnitt soll ein kurzer Überblick über die Literatur, die makroökonomische Modelle einer Wechselkursunion enthält, gegeben werden. Die Modelle der vorliegenden Arbeit werden in den Einleitungen zu den Kapiteln 2 bzw. 3 in die Literatur eingeordnet.

ALLEN/KENEN (1980) untersuchen in ihrem Buch unter anderem den Fall der Wechselkursunion. Ihr Modell ist jedoch so umfangreich, daß ihre Analyse kaum nachvollziehbar ist, und es ist auch nicht auf die Probleme in einer Wechselkursunion zugeschnitten. In dem Modell von ALLEN/KENEN läßt sich ein symmetrisches Portfoliomodell einer Wechselkursunion abspalten, in dem die Zinssätze in den Unionsländern und der Wechselkurs gegenüber dem Drittland bestimmt werden. Bei der Modellierung der Gütermärkte sind diese Größen exogen, so daß bei realen Störungen — wie z.B. Staatsnachfrageänderungen — der Wechselkurs nach außen konstant bleibt und somit der „Mischcharakter“ einer Wechselkursunion gerade nicht betrachtet wird. Kurzfristig wirken die auf den Gütermärkten bestimmten Größen auch nicht auf die Finanzmärkte zurück, da die nominale Geldnachfrage weder vom Einkommen noch vom Preisniveau abhängt.

Der reale Sektor beeinflußt die Finanzmärkte nur über Bestandsänderungen in der längerfristigen Betrachtung.

LEVIN (1983) und ROSE/SAUERNHEIMER (1983) übertragen das MUNDELL/FLEMING-Modell mit fixen Preisen auf die Wechselkursunion. Unter der Annahme, daß sich der Zinssatz in der Wechselkursunion nicht vom exogen gegebenen Drittlandzins lösen kann, zeigt sich als einfach zu erklärendes, aber dennoch überraschendes Ergebnis, daß expansive Fiskalpolitik in einem Unionsland stets kontraktive Wirkung im Partnerland hat. Transmissionsriemen ist dabei der flexible Wechselkurs nach außen. Infolge der expansiven Politik werten die Währungen der Wechselkursunion so stark auf, daß trotz der erhöhten Importnachfrage des expandierenden Landes die Nachfrage nach Gütern aus dem anderen Unionsland sinken muß. Auch bei einer Einkommenserhöhung im Rest der Welt entwickeln sich die Sozialprodukte in den Unionsländern im allgemeinen gegenläufig; nur für bestimmte Parameterkonstellationen bleiben beide Einkommen konstant.

Diese Resultate negativer Konjunkturübertragung innerhalb der Wechselkursunion haben weitere Arbeiten angeregt. In SAUERNHEIMER (1984), MOUTOS/SCARTH (1988) und FEUERSTEIN/SIEBKE (1988 bzw. 1990) wird das Modell von LEVIN (1983) jeweils erweitert, indem die Angebotsseite modelliert wird. Die unterschiedlichen Annahmen und Ergebnisse dieser Arbeiten und des zugrundeliegenden Modells von LEVIN werden in Kapitel 3 ausführlich dargestellt.

MARSTON (1984) untersucht, ob es für ein kleines Land vorteilhaft ist, seine Währung an die eines großen Landes, das gegenüber dem Rest der Welt flexible Wechselkurse hat, zu binden. Alle Störungen sind zufällig, vorübergehend und unerwünscht; Ziel des kleinen Landes ist entsprechend, die Varianz des Sozialprodukts zu minimieren. Es ist unbestimmt, ob ihm das besser in einer Wechselkursunion oder bei flexiblen Wechselkursen gelingt. Je nachdem, ob eine Störung real oder monetär ist, in welchem der drei betrachteten Länder sie auftritt und wie sie mit anderen Störungen korreliert ist, beeinflußt sie das Einkommen in dem einen oder in dem anderen Wechselkursregime stärker. Die Ergebnisse hängen außerdem davon ab, ob und wie stark in den drei Ländern die Löhne indexiert sind.

Im Rahmen eines vereinfachten Portfoliomodells[1] einer Wechselkursunion, die aus zwei gleichgroßen, symmetrischen Ländern besteht, zeigt MARSTON (1985), daß ein Unionsland Nachteile aus der Wechselkursunion hat, wenn Nachfrageverschiebungen zwischen Vermögenstiteln aus dem anderen Unionsland und dem Drittland als Störung vorherrschen. MARSTON bezieht sich dabei auf Portfolioumschichtungen zwischen DM- und Dollartiteln. Der effektive Wechselkurs des zunächst nicht betroffenen Landes kann

[1]Vergleiche die Einleitung zu Kapitel 2.

in der Wechselkursunion stärker schwanken als bei flexiblen Wechselkursen gegenüber beiden Ländern, und die Varianz seines Output ist jedenfalls größer. Um das letztgenannte Ergebnis zu zeigen, nimmt MARSTON allerdings auch kurzfristig die Kaufkraftparitätentheorie an. Dagegen ist die Wechselkursunion für beide Länder vorteilhaft, wenn sich die Störungen auf den Finanzmärkten gleichmäßig auf beide Länder verteilen.

MARSTON (1986) bestätigt zunächst diese Ergebnisse. Wenn beide Länder symmetrisch von stochastischen Störungen betroffen sind, kann er die Kaufkraftparitätentheorie durch eine gesamtwirtschaftliche Güternachfrage, die von den Einkommen und den relativen Preisen zwischen den Gütern aus den drei Ländern abhängt, ersetzen, so daß auch Nachfrageschwankungen betrachtet werden können. Die Interdependenz mit dem Portfoliomodell ist aber dadurch eingeschränkt, daß die Güternachfrage nicht vom Zins abhängt. Im Fall von zufälligen Schwankungen der Güternachfrage, die in beiden Ländern gleichermaßen auftreten, erhöht das Bilden einer Wechselkursunion die Varianz der Einkommen in beiden Ländern. Bei stochastischen Störungen auf beiden Finanzmärkten kann es sein, daß eine gemeinsame Interventionsstrategie, die nicht den Wechselkurs zwischen den Unionsländern, sondern ihren durchschnittlichen Dollarkurs konstant hält, die Einkommen besser stabilisiert.

Außer in MARSTON (1984), wo ein kleines Land zwei großen gegenübersteht, wird in allen bisher erwähnten Modellen angenommen, daß die Länder der Wechselkursunion keinen Einfluß auf die Größen im Rest der Welt haben. AOKI (1981, Chap.15) und CANZONERI (1982) betrachten dagegen Modelle mit drei gleich großen Ländern und dabei auch jeweils kurz den Fall, daß zwei von ihnen durch einen festen Wechselkurs verbunden sind. Bei AOKI (1981) dient das Modell als Beispiel für seine Methode zur Betrachtung dynamischer Mehr-Länder-Modelle und trägt nur sehr eingeschränkt zur Analyse einer Wechselkursunion bei. Dies kommt in der Annahme zum Ausdruck, daß nicht auf den Devisenmärkten interveniert, sondern ausschließlich Fiskalpolitik zur Verteidigung des festen Wechselkurses eingesetzt wird. CANZONERI (1982) nimmt zur Vereinfachung an, daß die Zentralbanken nicht die Geldmengen steuern, sondern exogen die Zinssätze festlegen. Auch bei ihm steht also die Geldmenge als Instrument zur Wechselkursstabilisierung nicht zur Verfügung. Der feste Wechselkurs wird durch beiderseits sterilisierte Devisenmarktinterventionen durchgesetzt, d.h. durch Variationen im Angebot an Staatsschuldtiteln. Dies ist natürlich nur bei geringer Kapitalmobilität möglich.

Schließlich seien noch die Arbeiten von de MACEDO (1985, 1986) erwähnt, der die westafrikanische Währungsunion (Franc-Zone) theoretisch untersucht. Betrachtet werden zwei kleine Länder, die eine gemeinsame Zentralbank haben, aber untereinander nicht mit Gütern handeln. Sie sind durch einen festen Wechselkurs mit einem von zwei großen Ländern verbunden. Im Mittelpunkt der Analyse stehen Besonderheiten der Funktionsweise der Franc-Zone, auf die hier nicht eingegangen werden soll.

1.3 Asymmetrie im Europäischen Währungssystem

In diesem Abschnitt soll in den Grundzügen dargestellt werden, inwiefern das Europäische Währungssystem „symmetrisch“ angelegt ist und welche Asymmetrien zwischen der D-Mark und den anderen EWS-Währungen bestehen bzw. sich herausgebildet haben. Ausführliche Darstellungen der Funktionsweise des EWS finden sich im Monatsbericht der Deutschen Bundesbank vom März 1979 und in GIAVAZZI/GIOVANNINI (1989, Chap. 2).

Zum Vergleich sei zunächst der asymmetrische Interventionsmechanismus des Systems von Bretton-Woods betrachtet.[2] Wenn zum Beispiel die D-Mark unter Aufwertungsdruck gegenüber dem Dollar stand, intervenierte ausschließlich die Deutsche Bundesbank; die USA als — institutionell festgelegtes — Leitwährungsland waren zu Devisenmarktinterventionen nicht verpflichtet. Um die Dollarparität der D-Mark zu verteidigen, kaufte die Bundesbank Dollar gegen D-Mark. Die erworbenen Dollar legte sie an den Finanzmärkten verzinslich an. Im Ergebnis stieg also die deutsche Geldmenge, während die amerikanische Geldmenge unverändert blieb, so daß für die USA auch keine Notwendigkeit zu einer Anpassung bestand.

Die Asymmetrie im Bretton-Woods-System beruhte also darauf, daß die Interventionsverpflichtung zur Verteidigung der Dollarparität jeweils einseitig war und daß die Dollarwährungsreserven der Zentralbanken auf den Finanzmärkten gehalten wurden.

Demgegenüber ist das EWS als symmetrisches Festkurssystem konzipiert, in dem sich bei Devisenmarktinterventionen die Geldbasen der betroffenen Länder in entgegengesetzter Richtung entwickeln, so daß der Anpassungsdruck gleichermaßen auf dem Land mit der schwachen und dem Land mit der starken Währung liegt.

Dies spiegelt sich in den Regeln wider, nach denen beide betroffenen Zentralbanken zu unbegrenzter Intervention in der entsprechenden Partnerwährung verpflichtet sind, sobald ein bilateraler Wechselkurs einen der Interventionspunkte erreicht, und daß Währungsreserven aus Partnerländern nur in Höhe von laufenden Arbeitsguthaben (working balances) gehalten werden sollen. Die für obligatorische Interventionen benötigten Devisen werden

[2]Zum Vergleich des EWS und des Systems von Bretton-Woods siehe OHR (1990a).

in unbeschränkter Höhe über den Europäischen Fonds für währungspolitische Zusammenarbeit (EFWZ) von der Emmissionsnotenbank als Kredit zur Verfügung gestellt; und Guthaben aus Interventionen werden nicht am Markt angelegt, sondern über den EFWZ bei der entsprechenden Zentralbank gehalten.

Wenn z.B. die D-Mark ihren oberen Interventionspunkt gegenüber dem französischen Franc und entsprechend der Franc den unteren Interventionspunkt erreicht, sind die Deutsche Bundesbank und die Banque de France zu unbegrenzten Interventionen verpflichtet. Die Banque de France verkauft D-Mark, die sie auf dem Kreditwege von der Bundesbank erhält, gegen Francs. Dabei steigt die deutsche Geldmenge und die französische sinkt. Auch die Bundesbank verkauft D-Mark und erhält dafür Francs, die sie über den EFWZ zur Banque de France transferiert. Auch von dieser Intervention sind die Bilanzen beider Zentralbanken berührt, und die Liquiditätswirkungen sind die gleichen wie bei einer Intervention der Banque de France. Unabhängig davon, welche Zentralbank interveniert, steigt bei obligatorischen Devisenmarktinterventionen im EWS die Geldbasis im Land mit der starken Währung um den Betrag, um den sie im Land mit der schwachen Währung fällt.

Trotz dieses symmetrischen Interventionsmechanismus hat sich die D-Mark im EWS als Leitwährung herausgebildet, und die Deutsche Bundesbank scheint in der Lage zu sein, Liquiditätswirkungen von obligatorischen Interventionen durch entgegengesetzte Geldpolitik zu sterilisieren. Die Deutsche Bundesbank selbst hat wiederholt darauf hingewiesen, daß sie liquiditätswirksame Änderungen ihrer Währungsreserven „neutralisiert" (Geschäftsbericht 1986, S.33; 1987, S.37; 1988, S.36). Sie hat aber auch die Überschreitung ihres Geldmengenzieles in den Jahren 1986 und 1987, in denen die D-Mark jeweils stark innerhalb des EWS und gegenüber dem Dollar war, mit „außenwirtschaftlichen Zwängen" bzw. „Rücksicht auf die Wechselkurspolitik" begründet (Geschäftsbericht 1986, S.36; 1987, S.40).

Ökonometrische Studien scheinen die weitgehende Sterilisierung durch die Deutsche Bundesbank zu bestätigen (siehe etwa OBSTFELD 1983, BOFINGER 1988 und MATROPASQUA/MICOSSI/RINALDO 1988). Von HAGEN (1989) kommt dagegen zu dem Ergebnis, daß Änderungen der Währungsreserven die Entwicklung der Geldmenge zeitweise signifikant beeinflußt haben, nämlich dann, wenn die D-Mark sowohl gegenüber dem Dollar wie auch innerhalb des EWS schwach (wie z.B. 1980) bzw. stark (wie z.B. 1986 und 1987) war. MATROPASQUA/MICOSSI/RINALDO (1988) schätzen die Reaktionsfunktion der Zentralbanken Deutschlands, Frankreichs, Italiens und Belgiens mit dem Ergebnis eines deutlichen Unterschiedes im Sterilisierungsverhalten zwischen Deutschland und den anderen betrachteten Ländern.[3]

Eine Erklärung für das unterschiedliche Sterilisierungsverhalten der Deutschen Bundesbank und der EWS-Länder mit schwacher Währung gibt BOFINGER (1988). Zwar sind die unmittelbaren Liquiditätswirkungen von Devisenmarktinterventionen symmetrisch; dennoch liegt der Anpassungsdruck stärker auf dem Land mit der schwachen Währung, da dieses nach den EWS-Regeln spätestens nach 9 1/2 Monaten zum Saldenausgleich verpflichtet ist. Es sei noch einmal an das Beispiel angeknüpft, daß die Bundesbank und die Banque de France zur Stützung des Franc intervenieren. In Höhe des Interventionsvolumens entsteht eine Verbindlichkeit der Banque de France an die Deutsche Bundesbank. Die Banque de France hat die für ihre Interventionen notwendigen D-Mark als Kredit erhalten, und die Bundesbank erhält für ihre erworbenen Francs über den EFWZ eine Forderung gegenüber der Banque de France. In beiden Fällen ist Frankreich zum Saldenausgleich in D-Mark oder anderen Reserve-Aktiva verpflichtet. Die Banque de France „muß sich also früher oder später darum bemühen, ihre Politik so anzupassen, daß der Reserveverlust zum Stillstand kommt. Die Bundesbank sieht sich durch eine Zunahme ihrer Währungsreserven jedoch nicht ohne weiteres genötigt, den Kurs ihrer Politik zu ändern.“ (BOFINGER 1988, S.321).

Das Land mit starker Währung kann also die Devisenmarktinterventionen sterilisieren, während das Land mit schwacher Währung im Fall von Sterilisierungspolitik mit einem zusätzlichen, nicht durchzuhaltenden Verlust an Währungsreserven rechnen muß. Die institutionelle Ausgestaltung des EWS ermöglicht es dem Land mit der stabilsten Währung — bislang also der Bundesrepublik —, seine Geldmenge trotz der Teilnahme am Festkurssystem zu kontrollieren und zum Leitwährungsland zu werden.

Zu der beschriebenen Asymmetrie innerhalb des EWS, daß Devisenmarktinterventionen im Ergebnis vor allem die Geldmengenentwicklung der Schwachwährungsländer beeinflussen, trägt das hohe Volumen an intramarginalen Interventionen wesentlich bei. Die intramarginalen Interventionen werden fast ausschließlich von den Schwachwährungsländern im EWS durchgeführt, und bei den DM-Interventionen im EWS übersteigt ihr Volumen das Volumen der obligatorischen Interventionen deutlich. Die intramarginalen Interventionen werden in der Regel mit DM-Guthaben der Zentralbanken, die auf den Finanzmärkten gehalten werden, durchgeführt.[4] Sie sind damit

---

[3]Die geschätzten Sterilisierungskoeffizienten betragen 0,8 für Deutschland, 0,3 für Italien und Belgien und 0,4 für Frankreich.

[4]Bis 1987 konnten intramarginale Interventionen grundsätzlich nicht über den EFWZ kreditfinanziert werden. Auch nach den Vereinbarungen von Nyborg und Basel im September 1987 (vergl. Geschäftsbericht der Deutschen Bundesbank 1987), nach denen dies in begrenztem Umfang möglich wurde, hat die Kreditfinanzierung intramarginaler Interventionen bislang keine Bedeutung erlangt.

vom oben beschriebenen „Bretton-Woods-Typ", die Bilanz der Deutschen Bundesbank und die deutsche Geldmenge werden nicht berührt. Die intervenierende Zentralbank sterilisiert sozusagen für die Bundesbank.

Zwar sollen nach den EWS-Regeln Währungsreserven anderer EWS-Länder nur in Höhe von laufenden Arbeitsguthaben gehalten werden; bei Einverständnis der betreffenden Zentralbank sind aber Ausnahmen möglich. Mit Zustimmung der Deutschen Bundesbank haben die Zentralbanken anderer EWS-Länder umfangreiche DM-Reserven aufbauen können, die sie für intramarginale Interventionen einsetzen (vergl. Deutsche Bundesbank, Monatsbericht November 1989). Der Grundstock dieser DM-Reserven wurde in den Jahren bis 1985 gelegt, in denen die D-Mark mehrfach schwach innerhalb des EWS tendierte. Dies hängt mit der zweiten wichtigen Asymmetrie im EWS zusammen, auf die im folgenden kurz eingegangen werden soll.

Die D-Mark hat von den EWS-Währungen die größte Bedeutung als internationale Anlagewährung. Sie ist deshalb von Kapitalbewegungen zwischen Dollar- und D-Mark-Anlagen betroffen, die die häufig beobachtete Konstellation begründen können, daß die D-Mark stark im EWS tendiert, wenn der Dollar schwach ist, und umgekehrt.[5]

Von 1980 bis 1985 hat die Dollarentwicklung zur Festigung des EWS beigetragen. Die D-Mark wurde zwar auch in dieser Zeit in mehreren Realignments gegenüber den EWS-Währungen aufgewertet, die D-Mark-Abwertung gegenüber dem Dollar verminderte aber den Aufwertungsdruck der D-Mark im EWS. Zeitweise tendierte die D-Mark schwach gegenüber den EWS-Währungen, und diese Phasen nutzten die Zentralbanken anderer EWS-Länder, um mittels intramarginaler Interventionen die oben erwähnten umfangreichen DM-Reserven aufzubauen, die sie mit Zustimmung der Deutschen Bundesbank am Markt anlegten (siehe Deutsche Bundesbank, Geschäftsbericht 1983, S.72; 1984, S.69 und 1986, S.74).

Umgekehrt war die D-Mark während der stetigen Dollarabwertung von Februar 1985 bis Ende 1987 im EWS in starker Position, so daß die Spannungen im EWS verstärkt wurden. Auch seither ist die genannte DM-Dollar-Polarisierung — mit wechselndem Vorzeichen — zu beobachten.

Um die Bedeutung der Asymmetrie, die in der Leitwährungsfunktion der D-Mark im EWS liegt, herauszuarbeiten, werden bei Modellen der vorliegenden Arbeit jeweils zwei Versionen unterschieden und die Ergebnisse verglichen. Im jeweiligen Grundmodell haben Devisenmarktinterventionen entgegengesetzte Liquiditätswirkungen in den Unionsländern, sie bewirken also eine Umverteilung der dabei unveränderten Gesamtgeldmenge. Im Leitwährungsmodell wird dagegen angenommen, daß in einem Unionsland

---

[5] Diese Argumentation verwandte die Deutsche Bundesbank bereits in ihrem Geschäftsbericht 1980, S.61.

Devisenmarktinterventionen vollständig sterilisiert werden. Das Grundmodell beschreibt also ein symmetrisches Festkurssystem, das der ursprünglichen Konzeption des EWS entspricht, während das Leitwährungsmodell der entstandenen Asymmetrie Rechnung trägt.

Die beschriebene DM-Dollar-Polarisierung wird im Rahmen des Portfoliomodells in Kapitel 2 betrachtet, indem die Auswirkungen einer Portfolioumschichtung zwischen Mark- und Dollarbonds untersucht werden.

1.4 Bemerkungen zur Modellierung von Mehr-Länder-Modellen

In der Makroökonomik offener Volkswirtschaften überwiegt die Analyse einer kleinen Volkswirtschaft. Internationale Interdependenz wird in Zwei-Länder-Modellen betrachtet, aber auch dieser Rahmen reicht für eine Reihe von Fragestellungen nicht aus. So wird gelegentlich auf den Nachteil hingewiesen, daß Zwei-Länder-Modelle stets eine gewisse Symmetrie aufweisen, da die Zahlungsbilanz des einen Landes das Spiegelbild der Zahlungsbilanz des anderen ist (vergleiche dazu ALLEN/KENEN 1980, S.19; AOKI 1981, S.272 und GRIES 1989, S.3ff.). Es können deshalb weder indirekte Transmissionskanäle einer Störung in ein anderes Land auf dem Umweg über ein drittes untersucht werden, noch können Unterschiede in der Wirkung exogener Schocks auf verschiedene Länder herausgearbeitet werden.

Auch Fragen über eine Wechselkursunion bzw. über das Europäische Währungssystem werden oft in Zwei-Länder-Modellen betrachtet (vergleiche etwa GIAVAZZI/GIOVANNINI 1987 und die spieltheoretischen Untersuchungen von MELITZ 1988, COLLINS 1988 und van der PLOEG 1989).

Eine Wechselkursunion wird aber gerade durch die Kombination des festen Wechselkurses zwischen den Partnerländern und des flexiblen Wechselkurs nach außen charakterisiert, und es zeigt sich, daß der gemeinsame Wechselkurs nach außen ein wichtiger Transmissionsmechanismus zwischen den Unionsländern ist. Jeder Schock und jede Politikmaßnahme in einem Unionsland, die den gemeinsamen Wechselkurs nach außen verändern, wird auf diesem Weg in das Partnerland übertragen. In die Betrachtung einer Wechselkursunion müssen also drei Länder einbezogen werden, zwei Länder, die die Wechselkursunion bilden, und ein drittes, gegenüber dem die Unionsländer gemeinsam floaten.

Andererseits wird selbst bei der Konstruktion von Zwei-Länder-Modellen die Grenze der analytischen Handhabbarkeit schnell erreicht, und Modelle mit mehr als zwei Ländern können nur in sehr einfachen Fällen behandelt werden. So kann beispielsweise HAMADA (1985, Chap. 5) in seinem Modell zur Erklärung der Weltinflationsrate bei Annahme exogen gegebener Einkommen und zinsunabhängiger Geldnachfragen beliebig viele Länder mit untereinander festen Wechselkursen betrachten. GRIES (1989) zeigt in einem Drei-Länder-Modell mit flexiblen Wechselkursen, daß eine expansive Geldpolitik in einem Land entgegengesetzte Effekte auf die Einkommen in den beiden anderen Ländern haben kann. Im Ganzen gesehen erscheint aber die theoretische Analyse von Modellen mit drei großen Ländern nicht vielversprechend. Und zwar nicht nur wegen des hohen Rechenaufwandes, sondern auch, weil selbst bei einfachen Annahmen die Interdependenzen so kompliziert werden, daß viele Ergebnisse unbestimmt und kaum interpretierbar sind.

Hiermit ist das Dilemma beschrieben, in dem sich die Analyse von Mehr-Länder-Modellen bewegt. Die vorliegende Arbeit hat deshalb nicht nur das Ziel, Effekte, die in einer Wechselkursunion auftreten, herauszuarbeiten, sondern versteht sich auch als ein Beitrag dazu, wie die internationale Interdependenz in Mehr-Länder-Modellen behandelt werden kann, als Beispiel für die Gratwanderung zwischen möglichst umfassenden, der Fragestellung angemessenen Modellen einerseits und der Handhabbarkeit bzw. eindeutigen, interpretierbaren Ergebnissen andererseits. Deshalb seien zunächst einige Kunstgriffe und Annahmen beschrieben und in die Literatur eingeordnet, die die Analyse vereinfachen und die in den Modellen in Kapitel 2 und 3 angewandt werden. Dabei handelt es sich um Annahmen über die Größe der Länder, um Symmetrieannahmen und um die Methode der Summen und Differenzen von AOKI (1981). An dieser Stelle kann es nur um eine allgemeine Darstellung gehen, die anhand der betrachteten Modelle jeweils erläutert und präzisiert werden muß.

1.4.1 Größe der Länder

Zur Vereinfachung wird angenommen, daß die beiden Länder der Wechselkursunion gemeinsam klein sind, d.h., daß sie keinen Einfluß auf die ökonomischen Größen im Rest der Welt haben. Variablen aus dem Rest der Welt sind somit im Modell der Wechselkursunion exogen. Abbildung 1.1 veranschaulicht das Schema der Interdependenz unter dieser Annahme.[6] Analog dazu, wie bei einer kleinen offenen Volkswirtschaft nur ein Land betrachtet werden muß, kann die Wechselkursunion dann als Zwei-Länder-Modell unter Berücksichtigung der Verflechtungen mit dem Drittland, dem Rest der Welt, modelliert werden. Statt drei große Länder zu modellieren, wird ein Zwei-Länder-Modell mit festen Wechselkursen und das entsprechende Kleine-Land-Modell mit flexiblen Wechselkursen kombiniert. Es zeigt sich aber, daß

[6] Diese Darstellung orientiert sich an BHANDARI (1985).

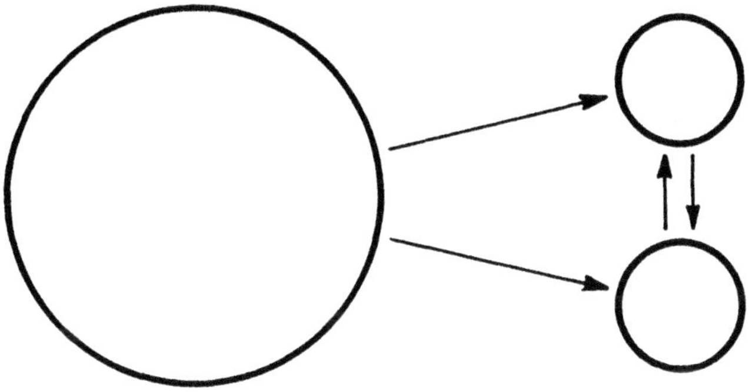

Abbildung 1.1: Schema der Interdependenz:
Zwei Länder, die gemeinsam klein sind

die Ergebnisse im Modell der Wechselkursunion sich zum Teil wesentlich und überraschend von den Resultaten in den zugrundeliegenden Modellen unterscheiden.

Dieses Schema der Interdependenz wird schon von ARNDT (1973) in seinem Modell einer "Currency Area" vom einfachen MUNDELL-FLEMING-Typ verwandt, wobei er allerdings einen festen Wechselkurs auch nach außen annimmt.

Die Konstellation zweier Länder, die sich gegenseitig beeinflussen, aber gemeinsam klein verglichen mit dem Rest der Welt sind, liegt auch den meisten Modellen einer Wechselkursunion zugrunde, so bei ALLEN/KENEN (1980), LEVIN (1983), ROSE/SAUERNHEIMER (1983), SAUERNHEIMER (1984), MARSTON (1984, 1986), MOUTOS/SCARTH (1988) und FEUERSTEIN/SIEBKE (1990). Sie ist — wenn aus den oben dargelegten Gründen eine Drei-Länder-Betrachtung vermieden werden soll — für die theoretische Analyse der Interdependenz der größeren Länder im Europäischen Währungssystems geeignet, und alle genannten Autoren außer ALLEN/KENEN (1980) beziehen sich darauf. Auch die Modelle der Wechselkursunion in der vorliegenden Arbeit orientieren sich am EWS, und verwenden die genannte Annahme über die Größe der Länder.

Alternativ können zwei große Länder mit flexiblem Wechselkurs betrachtet werden und ein kleines, das seine Währung an die eines der großen Länder bindet. Die Wechselkursunion besteht dann aus einem großen und einem kleinen Land. Die beiden großen Länder werden von dem dritten nicht beeinflußt, so daß sie in einem „geschlossenen" Zwei-Länder-Modell beschrieben werden können; das Modell des kleinen Landes muß den Einfluß aus beiden großen

Ländern berücksichtigen. Abbildung 1.2 zeigt das Schema der Interdependenz in diesem Fall. Man kann beispielsweise an lateinamerikanische Länder, die ihre Währung an den US-Dollar binden, oder an Dänemark im EWS denken.

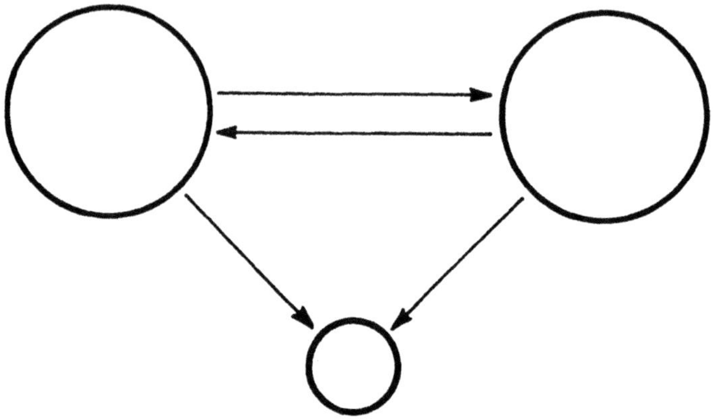

Abbildung 1.2: Schema der Interdependenz:
Zwei große Länder und ein kleines Land

In dieser Konstellation untersucht MARSTON (1984) , ob es für ein kleines Land vorteilhaft ist, in eine Wechselkursunion mit einem großen Land einzutreten, abhängig von der unterschiedlichen Verflechtung mit den beiden großen Ländern und den im Ausland auftretenden Schocks. Für Schocks, die im kleinen Inland auftreten, unterscheidet sich die Analyse nicht vom üblichen Modell eines kleinen Landes mit festen Wechselkursen, da das kleine Land keinen Einfluß auf den Wechselkurs zwischen den großen Ländern hat und somit bei festem Wechselkurs mit einem der Länder auch den flexiblen Wechselkurs mit dem anderen nicht beeinflussen kann.

Auch BHANDARI (1985 und 1987, Chap.8) betrachtet ein kleines Land, das sich zwei großen Ländern mit untereinander flexibeln Wechselkursen gegenübersieht. Er untersucht das optimale Interventionsverhalten des kleinen Landes, wobei die Möglichkeiten von flexiblen Wechselkursen bis zur starren Bindung an einen Währungskorb — mit unterschiedlichen Gewichten der beiden ausländischen Währungen — reichen.

De MACEDO (1986) verwendet ein ähnliches Schema zur Untersuchung der westafrikanischen Währungsunion, der sogenannten Franc-Zone. Er betrachtet dazu zwei große Länder mit flexiblen Wechselkursen, und zwei kleine Länder, die eine gemeinsame Zentralbank haben und einen festen Wechselkurs zum Franc aufrechterhalten, die aber untereinander keine Güter handeln.

Abschließend sei noch Chapter 6 des Buches von BHANDARI (1987) erwähnt, in dem er ein großes (USA), ein mittleres (Germany) und ein kleines Land (Denmark) unterscheidet, die untereinander flexible Wechselkurse haben. Abbildung 1.3, die aus BHANDARI (1987) übernommen ist, erläutert diese Konstellation.

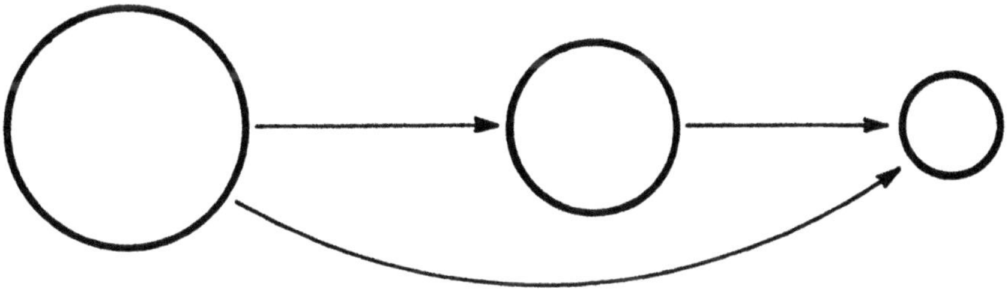

Abbildung 1.3: Schema der Interdependenz: Ein großes, ein mittleres und ein kleines Land

1.4.2 Symmetrieannahmen

Eine weitere Möglichkeit, die Komplexität von Mehr-Länder-Modellen zu verringern, sind Symmetrieannahmen über die Struktur der betrachteten Länder. Beispiele für Modelle einer Wechselkursunion, in denen zur Vereinfachung Symmetrie der Unionsländer angenommen wird, sind ALLEN/KENEN (1980), MARSTON (1984, 1985, 1986) und FEUERSTEIN/SIEBKE (1990).

Symmetrieannahmen werden auch häufig in spieltheoretischen Untersuchungen im Rahmen von Zwei-Länder-Modellen getroffen. Dabei können die beiden Länder eine vollkommen identische Struktur haben, wie in TURNOVSKY/d'OREY (1989); es können aber auch einzelne Asymmetrien betrachtet werden. So unterscheiden sich in BEGG/WYPLOSZ (1987) und in COLLINS (1988) die Länder nur durch den vorbestimmten Teil der Inflation (core inflation) und eventuell durch ihre Rolle im Festkurssystem. In MELITZ (1988) haben beide Länder vollkommen symmetrische Struktur bis auf den Abdiskontierungsfaktor in der Verlustfunktion.

Auch in den Modellen einer Wechselkursunion der vorliegenden Arbeit werden Symmetrieannahmen getroffen. Das Grundmodell ist jeweils vollkommen symmetrisch, während im Leitwährungsmodell die Bedeutung einer einzelnen Asymmetrie, nämlich der vollständigen Sterilisierung von Devisenmarktinterventionen in einem Unionsland, untersucht wird.

Es wird in den Modellen in Kapitel 2 und 3 insbesondere angenommen, daß die Unionsländer symmetrisch auf Änderungen der endogenen Variablen reagieren. „Symmetrisch" ist dabei im Sinne von „spiegelbildlich" und nicht im Sinne von „gleich" zu verstehen. So wird etwa im Portfoliomodell in Kapitel 2 nicht angenommen, daß die Geldnachfragen in beiden Ländern gleich auf eine Erhöhung eines Zinssatzes reagieren, sondern die Reaktionen der Geldnachfragen auf den inländischen Zinssatz sind jeweils gleich und analog die Reaktionen auf den Zinssatz im anderen Unionsland (vergl. Seite 31).

Die Symmetrieannahmen reduzieren die Komplexität der Interdependenz zwischen den Ländern, da Effekte, die auf unterschiedlicher Größe der betrachteten Länder oder auf Verhaltensasymmetrien beruhen, ausgeschlossen werden. Um die Bedeutung der Symmetrieannahmen zu illustrieren, wird das Portfoliomodell in Kapitel 2 in einigen Fällen ohne diese Annahmen gelöst und so untersucht, welche Ergebnisse von der Symmetrie abhängen.

Symmetrieannahmen vereinfachen die Resultate der Modelle; viele Ergebnisse werden durch sie erst eindeutig. Für sich genommen verbessern sie aber nicht unbedingt die analytische Handhabbarkeit. Erst die Methode von AOKI (1981), die im nächsten Abschnitt beschrieben wird, erlaubt es, die Symmetrieannahmen zu einer wesentlichen Vereinfachung der Rechnung auszunutzen.

1.4.3 Die Methode der Summen und Differenzen von AOKI

In Verbindung mit weitgehenden Symmetrieannahmen vereinfacht die Methode der Summen und Differenzen von AOKI (1981) die Rechnung und auch die Interpretation der Ergebnisse in Mehr-Länder-Modellen. AOKI entwickelte diese Methode für log-linear spezifizierte, dynamische Mehr-Länder-Modelle, und es sind seitdem viele Arbeiten entstanden, in denen symmetrische, dynamische Zwei-Länder-Modelle mit Hilfe der AOKI-Methode gelöst werden (z.B. BUITER 1986, TURNOVSKY 1986, MILLER/WILLIAMSON 1988, AMBLER 1989). Die Methode von AOKI läßt sich auch auf andere Klassen von Zwei-Länder-Modellen übertragen; so wird sie etwa von RANKIN (1989) in einem intertemporalen Zwei-Länder-Modell verwendet.

Die Vereinfachung der Methode von AOKI beruht darauf, daß unter der Annahme vollständiger Symmetrie das zu lösende lineare Gleichungssystem in zwei voneinander unabhängige Gleichungssysteme zerfällt. In Zwei-Länder-Modellen beschreibt das eine Gleichungssystem die aggregierte Entwicklung in den beiden Ländern bzw. „die Weltwirtschaft“ als Ganzes, die sich genauso wie eine geschlossene Volkswirtschaft verhält, während im anderen Gleichungssystem die Unterschiede zwischen den Ländern bestimmt werden.

Die beiden Gleichungssysteme entstehen aus dem ursprünglichen durch zwei Transformationen. Erstens werden die Summen und die Differenzen analoger Gleichungen über die einzelnen Länder gebildet. Wenn das Modell z.B. die Gleichgewichtsbedingungen für die Gütermärkte in den beiden Ländern enthält, werden diese durch die Summe und die Differenz der beiden Gleichungen ersetzt.

Zweitens wird zu einer neuen, äquivalenten Menge von endogenen Variablen übergegangen, indem länderspezifische Variable durch die Summe und die Differenz sich entsprechender Variablen ersetzt werden. Für eine länderspezifische Variable X — je nach Modell z.B. das Sozialprodukt oder das Preisniveau — werden die Werte X^1 und X^2 für die beiden Länder nicht direkt berechnet, sondern es werden die Summe $X^1 + X^2$ und die Differenz $X^1 - X^2$ bestimmt . Aus den Ergebnissen lassen sich dann die Größen für die einzelnen Länder bestimmen:

$$X^1 = \frac{1}{2}[(X^1 + X^2) + (X^1 - X^2)]$$

$$X^2 = \frac{1}{2}[(X^1 + X^2) - (X^1 - X^2)] \quad .$$

Infolge der symmetrischen Struktur der beiden Länder lassen sich nun die „Summenvariablen“ allein aus den „Summengleichungen“ berechnen, die das Gleichungssystem über die aggregierte Entwicklung bilden. Für die Entwicklung der Weltwirtschaft als Ganzes ist es dabei unerheblich, in welchem Land ein Schock auftritt, es kommt nur auf die Summe der Schocks, etwa auf die Summe der exogenen Nachfrageimpulse, an. Unabhängig davon bestimmen die Gleichungen, die als Differenzen entstanden sind, die „Differenzvariablen“. Die Symmetrieannahmen schließen zwar Unterschiede der beiden Länder infolge verschiedener Größe oder infolge unterschiedlichen Verhaltens aus, es entstehen aber Differenzen durch verschiedene exogene Parameter bzw. infolge von asymmetrisch wirkenden Schocks.

Eventuell enthält das Modell endogene Größen, die nicht länderspezifisch sind. Diese können entweder beide Länder gleich betreffen, d.h. sie gelten weltweit, und werden dann im Summenmodell bestimmt, wie etwa das Weltzinsniveau in Modellen mit vollständiger Kapitalmobilität. Oder sie wirken in beiden Ländern entgegengesetzt und werden im Gleichungssystem über die Unterschiede zwischen beiden Ländern bestimmt, wie etwa der Wechselkurs in Zwei-Länder-Modellen mit flexiblen Wechselkursen.

Die Methode von AOKI kann auf den in dieser Arbeit betrachteten Typ von Modellen einer Wechselkursunion, die aus zwei Ländern besteht, die gemeinsam klein sind, übertragen werden. MARSTON (1986) wendet die Methode von AOKI auf sein stochastisches, statisches Modell einer Wechselkursunion dieses Typs an, und in FEUERSTEIN/SIEBKE (1990) wird die komparativ-statische Analyse eines Modells einer Wechselkursunion mit Hilfe der AOKI-Methode durchgeführt.

Die Wechselkursunion ist in dieser Konstellation als Zwei-Länder-Modell mit Beziehung zum Rest der Welt modelliert, es werden bei Anwendung der AOKI-Methode also die Summen und die Differenzen der Gleichungen und der Variablen aus beiden Unionsländern gebildet. Das Summenmodell beschreibt dann die Wechselkursunion als Ganzes, die sich wie ein kleines Land mit flexiblem Wechselkurs verhält, während das zweite Gleichungssystem die Differenzen zwischen den Unionsländern erklärt.

Hinzuweisen ist dabei auf die Rolle des gemeinsamen Wechselkurses nach außen, der beide Länder gleichermaßen betrifft und somit im Summenmodell bestimmt wird. Dies steht im Gegensatz zum flexiblen Wechselkurs zwischen beiden Ländern in Zwei-Länder-Modellen, der im Differenzenmodell bestimmt wird. Im Fall der Wechselkursunion kann stattdessen im Differenzenmodell das notwendige Interventionsvolumen zur Garantie des festen Wechselkurses berechnet werden.

Die Methode von AOKI erleichtert nicht nur die Rechnung erheblich bzw. erlaubt es erst, die Modelle zu handhaben; sondern die berechneten Summen und Differenzen von länderspezifischen Variablen sind auch gut interpretierbar. Das gilt insbesondere für die Untersuchung der Wechselkursunion. Im Differenzenmodell wird direkt die Konvergenz bzw. die auseinanderlaufende Entwicklung in den Unionsländern betrachtet, während im Summenmodell die Gesamtentwicklung in der Wechselkursunion erklärt wird.

Die beschriebenen Transformationen, d.h. das Bilden der Summen und der Differenzen analoger Gleichungen und der Übergang zu einer äquivalenten Menge von Variablen, lassen sich unabhängig von den Symmetrieannahmen durchführen.[7] Die AOKI-Methode läßt sich deshalb auch dann mit Erfolg anwenden, wenn weitgehende, aber keine vollständige Symmetrie vorausgesetzt wird. Insbesondere ist sie geeignet, ausgehend von vollkommener Symmetrie die Wirkung einzelner Asymmetrien zu untersuchen.[8] Die Summen- und die Differenzenvariablen lassen sich dann zwar nicht mehr in voneinander unabhängigen Gleichungssystemen bestimmen, dennoch nutzt

[7] Vergleiche den Anhang A.1, in dem die Transformationen der AOKI-Methode am Beispiel des Portfoliomodells explizit durchgeführt werden.

[8] Darauf weist AOKI (1981) hin, und er gibt Beispiele für die Betrachtung einzelner Asymmetrien. Diese Anregung wurde aber in der Literatur nicht aufgenommen, die AOKI-Methode wird nur auf vollständig symmetrische Modelle angewandt.

die AOKI-Methode die getroffenen Symmetrieannahmen zur Vereinfachung der Rechnung aus. Unter Umständen läßt sich weiterhin ein Gleichungssystem abspalten, wenn etwa nur die Differenzenvariablen Einfluß auf die Summenvariablen haben aber nicht umgekehrt; das Modell ist dann blockrekursiv. Beispiele hierfür sind die Leitwährungsversionen der in Kapitel 2 und 3 untersuchten Modelle einer Wechselkursunion, in denen bei sonst symmetrischer Struktur der Unionsländer ein asymmetrischer Interventionsmechanismus betrachtet wird. Die Unterschiede zwischen den Unionsländern lassen sich unabhängig von der Gesamtentwicklung bestimmen; die Ergebnisse beeinflussen aber die aggregierten Größen für die Wechselkursunion als Ganzes.

Kapitel 2

Interdependenz der Finanzmärkte in einer Wechselkursunion

2.1 Einleitung

Im folgenden wird ein Portfoliomodell einer Wechselkursunion, wie sie von den meisten Ländern der Europäischen Gemeinschaft im Europäischen Währungssystem (EWS) gebildet wird, betrachtet. In dem Modell werden die kurzfristigen Entwicklungen der Zinssätze und des gemeinsamen Wechselkurses nach außen aus den Gleichgewichtsbedingungen der Bestandsmärkte für Finanzaktiva betimmt, wobei auch die Zinsdifferenz zwischen den Unionsländern und der Umfang der Devisenmarktinterventionen, die zur Durchsetzung des festen Wechselkurses innerhalb der Wechselkursunion notwendig sind, interessieren.

Portfoliomodellen liegt die Annahme zugrunde, daß die Finanzmärkte nach einer Störung sehr schnell ihr Gleichgewicht finden, während die Anpassung auf den Gütermärkten Zeit beansprucht. Für die Bestimmung des Finanzmarktgleichgewichts können deshalb die Größen aus dem realen Sektor, insbesondere die Realeinkommen und die Preise, als konstant angesehen werden; sie sind im Modell exogen.

Obwohl im EWS obligatorische Devisenmarktinterventionen entgegengesetzte Geldmengenentwicklungen in den betroffenen Ländern auslösen, hat sich die D-Mark als Leitwährung herausgebildet und die Bundesbank scheint Liquiditätswirkungen von Interventionen weitgehend zu sterilisieren. Auf diese Entwicklung des EWS wurde in Abschnitt 1.3 der Einführung eingegangen. Um die Konsequenzen der Asymmetrie, die in der Leitwährungsfunktion der D-Mark im EWS liegt, zu untersuchen, werden die Ergebnisse von zwei

Versionen des Portfoliomodells verglichen. Im Grundmodell bewirken Interventionen auf dem Devisenmarkt eine Umverteilung der dabei unveränderten Gesamtgeldmenge, während im Leitwährungsmodell angenommen wird, daß in einem Unionsland Devisenmarktinterventionen vollständig sterilisiert werden.

Mit Hilfe des Modells wird zuerst analysiert, welche Auswirkungen eine expansive Offenmarktpolitik in einem Unionsland hat. Neben den Änderungen der Zinssätze und des gemeinsamen Wechselkurses wird dabei untersucht, wie hoch die erforderlichen Interventionen sind, d.h. wie sich die Geldmengen in dem Land, das die Geldpolitik durchführt, und im Partnerland entwickeln. Im Leitwährungsmodell ist zu prüfen, wie stark die Politik des Leitwährungslandes dominiert bzw. inwieweit das zweite Unionsland überhaupt noch Geldpolitik durchführen kann. Umgekehrt ist zu fragen, ob das Leitwährungsland von den Effekten einer expansiven Geldpolitik im Partnerland abgeschirmt ist, wenn es seine Geldmenge konstant hält. Im Anschluß an die Analyse der Offenmarktpolitik werden kurz die Auswirkungen anderer Politikschocks betrachtet; dabei wird auf Interventionen auf dem Dollarmarkt, auf "Helicopter-Money" und auf eine Erhöhung der Staatsverschuldung eingegangen.

Neben den Schocks, die durch die Politik verursacht sind, werden die Auswirkungen einer autonomen Nachfrageverschiebung zwischen den Bonds eines Landes der Wechselkursunion und Dollarbonds untersucht. Diese Störung ist für das EWS relevant, da die D-Mark als wichtige internationale Anlagewährung Portfolioumschichtungen zwischen DM- und Dollaranlagen ausgesetzt ist, die Rückwirkungen auf das EWS haben. Solche Kapitalbewegungen können die Beobachtung erklären, daß die D-Mark stark im EWS ist, wenn der Dollar schwach ist, und umgekehrt. Sie können somit Spannungen im EWS erzeugen, aber auch willkommene Entlastung für das EWS bedeuten (vergleiche Abschnitt 1.3).

Einordnung in die Literatur

Der Portfolioansatz, der auf TOBIN (1969) zurückgeht, wurde von BRANSON (1972, 1976) auf eine kleine offene Volkswirtschaft übertragen. Der Wechselkurs wird in diesem Modell als relativer Preis zwischen zinstragenden Vermögenstiteln aus dem In- und Ausland erklärt. Eine gute Lehrbuchdarstellung dieses Portfoliomodells für ein kleines Land mit festen und flexiblen Wechselkursen findet sich bei De GRAUWE (1983, chap. 10 und chap. 12). GIRTON/HENDERSON (1976a,b,c) entwickeln ein Zwei-Länder-Portfoliomodell mit festen Wechselkursen, in ihren Aufsätzen (1976b,c) werden auch flexible Wechselkurse behandelt. Untersucht werden die Zinsänderungen und die Reservebewegungen bei verschiedenen Annahmen über die Politik der Zentralbanken, wie etwa Sterilisierung oder Zinspolitik.

Auch MARSTON (1980) untersucht in seinem Zwei-Länder-Portfoliomodell mit fixen und flexiblen Wechselkursen die Auswirkung von partieller oder vollständiger Sterilisierung von Devisenmarktinterventionen auf das In- und Ausland. Ein Zwei-Länder-Portfoliomodell mit flexiblen Wechselkursen betrachtet OHR (1980, Kap. 3).

Portfoliomodelle einer Wechselkursunion finden sich in ALLEN/KENEN (1980, in Chapter 11 bis 13 enthalten) und in MARSTON (1985). In beiden Modellen wird zur Vereinfachung vollkommene Symmetrie der Struktur der beiden Unionsländer angenommen; das bedeutet auch, daß keine Sterilisierung betrachtet wird. ALLEN/KENEN (1980) konzentrieren sich auf Änderungen des Zinssatzes im Rest der Welt und auf Offenmarktpolitik als exogene Störung. MARSTON (1985) interessiert sich für Schwankungen des gemeinsamen Wechselkurses nach außen infolge autonomer Umschichtungen der Nachfrage zwischen Dollarbonds und Staatsschuldtiteln aus einem Land der Wechselkursunion und vergleicht die Situation mit einem System freier Wechselkurse. Entsprechend dieser Fragestellung läßt er zur weiteren Vereinfachung die Geldnachfrage jeweils nur vom inländischen Zinssatz abhängen. Bei nichtmonetären Störungen ist dann nur eine gegenläufige Entwicklung der Zinsen in den beiden Unionsländern möglich, so daß sich das Modell zur Betrachtung der Zinsentwicklung nur bedingt eignet.

Auch in der folgenden Arbeit wird im Grundmodell von einem vollkommen symmetrischen Portfoliomodell einer Wechselkursunion ausgegangen; die im Leitwährungsmodell betrachtete Sterilisierung von Devisenmarktinterventionen in einem Unionsland stellt aber eine wichtige Asymmetrie der beiden Länder dar. Darüberhinaus wird in einigen Fällen die Bedeutung der Symmetrieannahmen herausgearbeitet, indem untersucht wird, welche Ergebnisse von der Symmetrie abhängen, und welche Effekte abweichende Ergebnisse verursachen können. Auch in anderen Punkten geht das folgende Modell über die angegebenen hinaus. So wird u.a. besonderer Wert auf die Erklärung von Zinsdifferenzen gelegt und es wird untersucht, wie der Grad der Substituierbarkeit zwischen den Bonds der Unionsländer die Ergebnisse beeinflußt.

2.2 Das Modell

2.2.1 Grundzüge

Die Wechselkursunion bestehe aus zwei Ländern, die Deutschland und Frankreich genannt werden. Diese Bezeichnung dient der sprachlichen Vereinfachung und der besseren Anschauung. Es werden zwar im Rahmen des Modells wichtige Aspekte der besonderen Rolle der Bundesrepublik Deutschland im

Europäischen Währungssystem beleuchtet; es kann und soll aber nicht versucht werden, in einem theoretischen Modell mit hochaggregierten Größen spezielle Eigenschaften bzw. Institutionen der beiden Länder zu berücksichtigen. So wird etwa angenommen, daß beide Länder gleich groß und weitgehend symmetrisch sind, und es wird zum Beispiel nicht darauf eingegangen, daß die Deutsche Bundesbank anstelle klassischer Offenmarktpolitik das Instrument der Wertpapierpensionsgeschäfte zur Steuerung der Geldmenge entwickelt hat.

Der feste Wechselkurs zwischen der Mark und dem Franc sei auf Eins normiert, so daß es nur einen gemeinsamen Wechselkurs e gegenüber dem Dollar, der Währung im Rest der Welt, gibt. Die Länder der Wechselkursunion seien gemeinsam klein, d.h. daß sie keinen Einfluß auf die ökonomischen Größen im Rest der Welt haben.

In dem Finanzmarktmodell sind fünf Vermögensarten enthalten, deutsches und französisches Geld, M und N, und Staatsschuldtitel aus Deutschland, Frankreich und dem Rest der Welt, B, H bzw. F, die jeweils auf die Währung des emittierenden Landes lauten.[1] Der Zinssatz auf die verschiedenen Bonds wird mit r_B, r_H bzw. r^* bezeichnet. Dabei ist r^*, der Zinssatz auf Dollarbonds, exogen gegeben.

2.2.2 Angebot der Vermögensarten

Geldangebot

Unter der Geldmenge sei die Geldbasis verstanden; das Geschäftsbankensystem und das Publikum werden also zum privaten Sektor zusammengefaßt, und es wird nur Außengeld betrachtet. Das Geldangebot in den Ländern der Wechselkursunion läßt sich dann aus den Bilanzen der Zentralbanken bestimmen:

$$M = B^m + A^m + eF^m + R = \widetilde{M} + R$$

$$N = H^n + A^n + eF^n - R = \widetilde{N} - R$$

$$R = N^m - M^n.$$

[1] F steht nicht — wie vielleicht naheliegend erscheint — für französische Bonds, sondern wird — entsprechend der üblichen Bezeichnung in Portfoliomodellen — im Sinne von "foreign assets" für die Dollarbonds verwendet. Für die deutschen und die französischen Staatsschuldtitel werden dagegen die in der Literatur zu findenden Bezeichnungen für inländische Bonds, nämlich B (wie "bonds") und H (wie "home bonds") gewählt (vergl. BRANSON 1972, 1977 bzw. MARSTON 1980, 1985).

B^m bzw. H^n ist der Bestand an inländischen Staatsschuldtiteln, der von der jeweiligen Zentralbank gehalten wird. Die deutschen Währungsreserven setzen sich aus Dollarbonds F^m und Nettoforderungen gegenüber der französischen Zentralbank, R, zusammen. Die französischen Währungsreserven, gemessen in Franc, betragen analog $eF^n - R$. A^m und A^n sind Ausgleichsposten für wechselkursbedingte Umbewertungen von Währungsreserven. Sie sind notwendig, da sich bei einer Änderung des Wechselkurses die Höhe der Dollarwährungsreserven gemessen in inländischer Währung, eF^m bzw. eF^n, verändern, ohne daß das Geldangebot berührt wird. Von Beständen an Staatsschuldtiteln des jeweils anderen Unionslandes wird abgesehen; es wird also angenommen, daß die deutsche Zentralbank ihre Franc-Reserven als Forderung gegenüber der französischen Zentralbank hält und umgekehrt.[2] Auf die Möglichkeit, daß Franc- bzw. Mark-Währungsreserven als Bonds gehalten werden, und die damit verbundene „automatische" Sterilisierung von Devisenmarktinterventionen wird im Zusammenhang mit dem Leitwährungsmodell (siehe Seite 35) kurz eingegangen.

Die Reserveposition R ist gleich der Differenz $N^m - M^n$ zwischen Franc-Guthaben der deutschen und Mark-Guthaben der französischen Zentralbank; dabei können N^m und M^n als Verbindlichkeit gegenüber der jeweils anderen Zentralbank auch negativ sein. R entsteht durch Interventionen auf dem Mark/Franc-Markt, zu denen die Zentralbanken zur Verteidigung des festen Wechselkurses verpflichtet sind, und ist somit die endogene Komponente des Geldangebots. Die Änderung von R ist bei einer notwendigen Stützung einer der Währungen der Wechselkursunion unabhängig davon, welche Zentralbank interveniert und ob die Intervention durch einen Kredit zwischen den Zentralbanken finanziert wird oder nicht.

Die von der jeweiligen Zentralbank kontrollierbaren Komponenten des Geldangebots werden zu $\widetilde{M}$ bzw. $\widetilde{N}$ zusammengefaßt. Im Grundmodell wird angenommen, daß die Zentralbanken auf endogene Geldmengenänderungen nicht mit entgegengesetzter Geldpolitik reagieren, m.a.W. daß sie Interventionen auf dem Devisenmarkt nicht sterilisieren. Unter dieser Annahme ist die Gesamtgeldmenge in der Wechselkursunion exogen gegeben, während die Verteilung auf die beiden Unionsländer endogen bestimmt wird.

Die Modellergebnisse würden durch die Annahme, daß Nettoforderungen zwischen den Zentralbanken durch Übertragung von Dollarwährungsreserven ausgeglichen werden, nicht verändert. Die gewählte Schreibweise erlaubt aber, zwischen dem endogenen Bestandteil R der Währungsreserven und exogenen Änderungen von F^m bzw. F^n als Folge von Offenmarktpolitik in

[2] Dies entspricht der institutionellen Ausgestaltung im EWS, in dem Währungsreserven aus Partnerländern nur in Höhe von laufenden Arbeitsguthaben gehalten werden sollen. (Vergl. hierzu und zu den Ausnahmen Abschnitt 1.3 der Einführung.)

Dollarbonds, die als freiwillige Intervention auf dem Dollarmarkt interpretiert werden kann, zu unterscheiden.

Bondangebot

Zur Vereinfachung wird angenommen, daß der Kurswert der Staatsschuldtitel unabhängig vom jeweiligen Zinssatz ist[3]. Somit ist das Angebot an Staatsschuldtiteln aus den Ländern der Wechselkursunion exogen gegeben. Es entspricht jeweils dem gesamten Volumen an Staatsschuldtiteln abzüglich dem von der Zentralbank gehaltenen Bestand. ($B = \bar{B} - B^m$; $H = \bar{H} - H^n$). Es wird angenommen, daß Ausländer aus dem Rest der Welt weder Geld noch Bonds der Unionsländer halten, so daß die Leistungsbilanzsalden der Vergangenheit den Bestand an Dollarbonds in der Wechselkursunion, $\bar{F}$, gemessen in Dollar, bestimmen. Das Angebot an Dollarbonds an die Privaten ist dann gleich $F = \bar{F} - F^m - F^n$.

2.2.3 Vermögen

Geld werde jeweils nur von Inländern gehalten, so daß sich das Finanzvermögen der Privaten in Deutschland, W^1, aus ihrem Bestand an Geld M, inländischen Bonds, B^1, französischen Bonds, H^1, und an Bonds aus dem Rest der Welt, F^1, bewertet zum aktuellen Wechselkurs e, zusammensetzt:

$$W^1(e) = M + B^1 + H^1 + eF^1.$$

Analog gilt für das Finanzvermögen in Frankreich:

$$W^2(e) = N + B^2 + H^2 + eF^2.$$

Dabei gilt natürlich stets

$$B^1 + B^2 = B, \qquad H^1 + H^2 = H \qquad \text{bzw.} \qquad F^1 + F^2 = F.$$

Bei Änderungen des Wechselkurses variiert das Vermögen endogen; um diesen Effekt von exogenen Vermögensänderungen zu unterscheiden, wird folgende Schreibweise verwendet:

$$\begin{aligned} dW^1 &= dM + dB^1 + dH^1 + edF^1 + F^1 de \\ &= d\widetilde{W}^1 + F^1 de. \end{aligned}$$

[3]Es handelt sich also entweder um kurzlaufende Staatsschuldtitel oder um Bonds mit variabler Nominalverzinsung.

Tabelle 2.1: Nachfrage nach den einzelnen Vermögenstiteln

Nachfrage / nach	der Privaten in Deutschland gemessen in Mark	der Privaten in Frankreich gemessen in Franc
inländischem Geld M bzw. N	$\overset{-}{}\ \overset{-}{}\ \overset{-}{}\ \overset{+}{}$ $m(\overset{-}{r_B}, \overset{-}{r_H}, \overset{-}{r^*+a(e)}, \overset{+}{W^1(e)})$	$n(\overset{-}{r_B}, \overset{-}{r_H}, \overset{-}{r^*+a(e)}, \overset{+}{W^2(e)})$
deutschen Bonds B	$b^1(\overset{+}{r_B}, \overset{-}{r_H}, \overset{-}{r^*+a(e)}, \overset{+}{W^1(e)})$	$b^2(\overset{+}{r_B}, \overset{-}{r_H}, \overset{-}{r^*+a(e)}, \overset{+}{W^2(e)})$
französischen Bonds H	$h^1(\overset{-}{r_B}, \overset{+}{r_H}, \overset{-}{r^*+a(e)}, \overset{+}{W^1(e)})$	$h^2(\overset{-}{r_B}, \overset{+}{r_H}, \overset{-}{r^*+a(e)}, \overset{+}{W^2(e)})$
Bonds aus dem Rest der Welt F	$f^1(\overset{-}{r_B}, \overset{-}{r_H}, \overset{+}{r^*+a(e)}, \overset{+}{W^1(e)})$	$f^2(\overset{-}{r_B}, \overset{-}{r_H}, \overset{+}{r^*+a(e)}\ \overset{+}{W^2(e)})$

Analog sei

$$dW^2 = d\widetilde{W}^2 + F^2 de$$

mit

$$d\widetilde{W}^2 = dN + dB^2 + dH^2 + edF^2.$$

Die einzelnen Bestände können sich natürlich auch endogen durch Tausch zwischen Deutschen und Franzosen und durch obligatorische Devisenmarktinterventionen verändern; dabei bleiben die Vermögen aber in beiden Ländern konstant, und $d\widetilde{W}^1$ bzw. $d\widetilde{W}^2$ ist gleich Null.

2.2.4 Nachfrage nach den einzelnen Vermögenstiteln

Die Nachfragefunktionen nach den verschiedenen Vermögensarten hängen von den Renditen auf die verschiedenen Bonds und von der Höhe des jeweiligen Finanzvermögens ab. Sie werden mit den entsprechenden kleinen Buchstaben m, n und b, h, bzw. f und den Indizes 1 und 2 für die Nachfrage der deutschen bzw. französischen Kapitalanleger bezeichnet und sind in Tabelle 2.1 zusammengestellt. Die Vorzeichen der ersten partiellen Ableitungen der Nachfragefunktionen sind in der Tabelle über den Variablen angegeben.

Mit steigendem Finanzvermögen in einem Land steigt dort die Nachfrage nach allen Vermögenstiteln. Das Finanzvermögen steigt endogen bei einer gemeinsamen Abwertung der Mark und des Franc, so daß alle Nachfragefunktionen über das Vermögen positiv vom Wechselkurs e abhängen. Auf die übliche Annahme, daß die Nachfrage nach den einzelnen Vermögenstiteln linear homogen im Vermögen ist, d.h. daß zusätzliches Vermögen ceteris paribus im gleichen Verhältnis aufgeteilt wird wie das schon vorhandene, wird verzichtet. Durch diese allgemeine Spezifizierung kann in einigen Fällen unbestimmter Ergebnisse aufgezeigt werden, wie die Resultate vom Einfluß des Vermögens auf die einzelnen Assetnachfragen abhängen, und es können ökonomisch interpretierbare Bedingungen für eindeutige Effekte formuliert werden. Dies wäre nicht möglich, wenn die Abhängigkeit der Nachfragen vom Vermögen durch die genannte Annahme bereits festgelegt wäre.[4] Es bestehe eine Präferenz für inländische Bonds in dem Sinne, daß ein größerer Anteil des Vermögens in inländischen Bonds angelegt wird als in Bonds aus dem anderen Unionsland, d.h.

$$b_W^1 > h_W^1 \qquad \text{bzw.} \qquad h_W^2 > b_W^2.$$

Diese Annahme geht in die Ergebnisse für Auswirkungen von Schocks ein, die das Finanzvermögen in einem Land exogen verändern, wie etwa ein geldfinanziertes Staatsdefizit (Helicopter-Money).

Die verschiedenen Vermögensarten sind Bruttosubstitute, d.h. wenn in einem Land der Zinssatz steigt, steigt die Nachfrage nach den Staatsschuldtiteln dieses Landes, und die Nachfrage nach allen anderen Vermögensarten sinkt. Die Bruttosubstitutionsbeziehungen garantieren die Stabilität des Modells, die im Anhang A.2 gezeigt wird.

Die deutsche und die französische Geldnachfrage hängen also negativ von den Renditen auf die verschiedenen Bonds ab; dabei wird angenommen, daß die Reaktion auf den Zinssatz im eigenen Land höher ist als auf den Zinssatz auf Bonds aus dem anderen Unionsland:

$$m_{r_B} < n_{r_B} < 0 \qquad \text{bzw.} \qquad n_{r_H} < m_{r_H} < 0.$$

Entsprechend hängt die Nachfrage nach den verschiedenen Staatsschuldtiteln jeweils positiv von der eigenen Rendite und negativ von der Rendite

[4] Außerdem ist infolge der allgemeineren Formulierung nicht nur das Portfoliomodell einer Wechselkursunion von ALLEN/KENEN (1980), in dem die genannte Annahme getroffen wird, ein Spezialfall des hier betrachteten Modells; sondern es ist auch das Modell von MARSTON (1985), in dem zur Vereinfachung die Geldnachfragefunktionen jeweils unabhängig vom Finanzvermögen sind, als Grenzfall darin enthalten.

auf die anderen Bonds ab. Der wichtigste Grund dafür, daß die Kapitalanleger Bonds, die auf verschiedene Währungen lauten, nicht als vollkommene Substitute ansehen, ist das Wechselkursrisiko. Das gilt auch innerhalb der Wechselkursunion, da Paritätsänderungen zwischen dem Franc und der Mark möglich sind.[5]. Weitere Gründe können das Konvertibilitätsrisiko, d.h. die eventuelle Einführung von Kapitalverkehrsbeschränkungen, und — im Fall unsolider Finanzpolitik — auch das Kreditrisiko sein.

Die Rendite auf Dollarbonds setzt sich aus dem Zinssatz r^* und aus der erwarteten Abwertungsrate der Mark und des Francs gegenüber dem Dollar, a, zusammen. Es wird angenommen, daß der von den privaten Wirtschaftssubjekten langfristig erwartete Wechselkurs $E(e)$ konstant ist und daß die erwartete Abwertungsrate von der Differenz zwischen erwartetem und tatsächlichem Wechselkurs abhängt:

$$a(e) = \sigma(E(e) - e), \qquad \sigma > 0.$$

Eine Aufwertung der Mark und des Franc begründet also eine Abwertungserwartung; dadurch steigt die Rendite auf Dollarbonds und die Nachfrage nach den Vermögenstiteln aus den Ländern der Wechselkursunion sinkt. Der Wechselkurs beeinflußt die Nachfragefunktionen also über das Vermögen und über die Wechselkurserwartungen, wobei die Nachfragen nach Vermögenstiteln aus der Wechselkursunion aus beiden Gründen positiv vom Wechselkurs abhängen. Für die meisten Resultate ist deswegen eine Unterscheidung dieser Einflußkanäle nicht notwendig, so daß beide zusammengefaßt werden können. Bei der Interpretation der Ergebnisse wird der Effekt des veränderten Wechselkurses der Einfachheit halber über den Vermögenseffekt begründet. Es würde keine Schwierigkeiten und keinen Unterschied machen, jeweils die gleichgerichtete Wirkung der erwarteten Abwertungsrate anzuführen.

Die Gesamtnachfragen nach den verschiedenen Staatsschuldtiteln werden zu

$$b = b^1 + b^2, \qquad h = h^1 + h^2, \qquad \text{bzw.} \qquad f = f^1 + f^2$$

zusammengefaßt.

2.2.5 Vermögensrestriktionen und Gleichungssystem

Die Assetnachfragen der deutschen und der französischen Kapitalanleger unterliegen der Vermögensrestriktion

$$m + b^1 + h^1 + f^1 = W^1(e)$$

[5] Im EWS können die Wechselkurse innerhalb einer Bandbreite von $\pm 2,25\%$ schwanken; auch darin liegt natürlich eine gewisses Wechselkursrisiko, das im Modell aber nicht enthalten ist.

bzw.

$$n + b^2 + h^2 + f^2 = W^2(e),$$

so daß folgende Beziehungen gelten:

$$m_z + b_z^1 + h_z^1 + f_z^1 = 0 \qquad \text{für} \quad z = r_B, r_H, r^*$$

und

$$m_W + b_W^1 + h_W^1 + f_W^1 = 1.$$

Aus diesen beiden Gleichungen folgt

$$m_e + b_e^1 + h_e^1 + f_e^1 = F^1,$$

$$\text{wobei z.B} \qquad m_e = m_W W_e + m_{r^*} a_e.$$

Die analogen Gleichungen gelten für die französischen Assetnachfragen, so daß in der Summe gilt:

$$\begin{aligned} m + n + b + h + f &= W^1(e) + W^2(e) \\ &= M + N + B + H + eF, \end{aligned}$$

$$m_z + n_z + b_z + h_z + f_z = 0 \qquad \text{für} \qquad z = r_B, r_H, r^*$$

und

$$m_e + n_e + b_e + h_e + f_e = F.$$

Die folgenden Gleichungen beschreiben das Gleichgewicht auf den fünf Assetmärkten:

$$\begin{aligned} m &= \widetilde{M} + R \qquad & b^1 + b^2 &= B \\ n &= \widetilde{N} - R \qquad & h^1 + h^2 &= H \\ & & f^1 + f^2 &= eF \end{aligned}$$

Aus den Vermögensrestriktionen folgt, daß nur vier der fünf Gleichungen voneinander unabhängig sind. In der formalen Analyse wird deshalb der Markt für Dollarbonds weggelassen. Aus diesem Gleichungssystem bestimmen sich als endogene Variable die Zinssätze in den Ländern der Wechselkursunion, r_B und r_H, der gemeinsame Dollarwechselkurs e, und die Reserveposition R. Tabelle 2.2 zeigt das System der um das Ausgangsgleichgewicht linearisierten Gleichungen, mit dessen Hilfe die komparativ-statische Analyse durchgeführt wird.

Tabelle 2.2: Gleichungssystem des Grundmodells

$$\begin{pmatrix} m_{r_B} & m_{r_H} & m_e & -1 \\ n_{r_B} & n_{r_H} & n_e & 1 \\ b_{r_B} & b_{r_H} & b_e & 0 \\ h_{r_B} & h_{r_H} & h_e & 0 \end{pmatrix} \begin{pmatrix} dr_B \\ dr_H \\ de \\ dR \end{pmatrix} = \begin{pmatrix} d\widetilde{M} - \alpha_M \\ d\widetilde{N} - \alpha_N \\ dB - \alpha_B \\ dH - \alpha_H \end{pmatrix}$$

Die α's fassen dabei jeweils exogene Störungen, die auf die Nachfrage wirken, zusammen:

$$\begin{aligned} \alpha_M &= m_W d\widetilde{W}^1 + m_{r^*} dr^* \\ \alpha_N &= n_W d\widetilde{W}^2 + n_{r^*} dr^* \\ \alpha_B &= b_W^1 d\widetilde{W}^1 + b_W^2 d\widetilde{W}^2 + b_{r^*} dr^* \\ \alpha_H &= h_W^1 d\widetilde{W}^1 + h_W^2 d\widetilde{W}^2 + h_{r^*} dr^* \end{aligned}$$

Systemdeterminante:

$$\begin{aligned} D = {} & (m_e + n_e)(b_{r_B} h_{r_H} - b_{r_H} h_{r_B}) \\ & + b_e[(m_{r_H} + n_{r_H}) h_{r_B} - (m_{r_B} + n_{r_B}) h_{r_H}] \\ & + h_e[(m_{r_B} + n_{r_B}) b_{r_H} - (m_{r_H} + n_{r_H}) b_{r_B}] > 0. \end{aligned}$$

2.2.6 Symmetrieannahmen und die Methode von AOKI

Die Rechnung und die Interpretation der Ergebnisse vereinfachen sich wesentlich, wenn über die beiden Länder der Wechselkursunion weitgehende Symmetrieannahmen getroffen werden und das Gleichungssystem entsprechend der Methode von AOKI (1981) transformiert wird.[6]

Das Ausgangsgleichgewicht sei vollkommen symmetrisch; d.h. es wird angenommen, daß die von den deutschen und den französischen Kapitalanlegern gehaltenen Bestände an Geld, an inländischen Staatsschuldtiteln, an Staatsschuldtiteln aus dem anderen Unionsland und an Dollarbonds jeweils gleich sind, d.h.

$$M = N, \qquad F^1 = F^2, \qquad B^1 = H^2, \qquad B^2 = H^1.$$

Daraus folgt, daß auch das Vermögen der Privaten in Deutschland und in Frankreich gleich sind und daß das Angebot an deutschen Staatsschuldtiteln dem französischen entspricht:

$$W^1 = W^2, \qquad B = H.$$

Weiterhin seien im Ausgangsgleichgewicht die Zinssätze in beiden Unionsländern gleich hoch und die Nettoposition zwischen den Zentralbanken sei ausgeglichen:

$$r_B = r_H, \qquad R = 0.$$

Die genannten Annahmen über das Ausgangsgleichgewicht beeinflussen die Ergebnisse der komparativ-statischen Analyse nicht, sondern erleichtern lediglich deren Darstellung und Interpretation. Wesentlich sind dagegen die folgenden Annahmen über die Nachfrage nach den einzelnen Vermögensarten. Sie schränken einerseits die Allgemeinheit der Ergebnisse ein, andererseits bilden sie die Grundlage der Anwendung der AOKI-Methode.

Es wird angenommen, daß die einzelnen Nachfragefunktionen symmetrisch auf Änderungen der endogenen Variablen r_B, r_H und e, d.h. auf Veränderungen der Zinssätze und des Dollarwechselkurses, reagieren. Die Reaktion der Geldnachfrage auf den inländischen Zinssatz, auf den Zins im anderen Unionsland und auf den Wechselkurs ist also in Deutschland und in Frankreich gleich:

$$m_{r_B} = n_{r_H}, \qquad m_{r_H} = n_{r_B}, \qquad m_e = n_e.$$

[6] Vergl. die allgemeine Darstellung in Abschnitt 1.4.3 der Einführung.

Das entsprechende gilt für die Nachfrage nach deutschen und französischen Bonds.

$$b_{r_B} = h_{r_H}, \qquad b_{r_H} = h_{r_B}, \qquad b_e = h_e.$$

Aus den Vermögensrestriktionen folgt dann, daß die Nachfrage nach Dollarbonds auf den deutschen genauso wie auf den französischen Zinssatz reagiert:

$$f_{r_B} = f_{r_H}.$$

Die aufgeführten Symmetrieannahmen schließen Effekte unterschiedlicher Größe bzw. Struktur der Länder der Wechselkursunion aus. Verschiedene Entwicklungen in den Unionsländern ergeben sich aber als Folge von asymmetrisch wirkenden exogenen Schocks, wie etwa der Ausweitung der Geldmenge in einem der beiden Länder. Um die Konsequenzen der Symmetrieannahmen aufzuzeigen, wird in einigen Fällen untersucht, welche Ergebnisse unabhängig von der Symmetrie gelten.

Die Methode von AOKI läßt unter den getroffenen Symmetrieannahmen das in Tabelle 2.2 (S.30) angegebene Gleichungssystem in zwei voneinander unabhängige Gleichungssysteme zerfallen, die ihrerseits in Tabelle 2.3 (S.33) zusammengestellt sind. Um diese beiden Gleichungssysteme zu erhalten, wird einerseits zu einer äquivalenten Menge von Variablen übergegangen; statt der einzelnen Zinssätze r_B und r_H wird die entsprechende Summe $r_B + r_H$ und die Differenz $r_B - r_H$ betrachtet. Außerdem wird die Summe und die Differenz der Gleichgewichtsbedingungen für die beiden Geldmärkte und die Summe und die Differenz der Gleichungen über die Märkte für deutsche und französische Bonds gebildet. Diese Transformationen werden im Anhang A.1 explizit durchgeführt.

Das Summenmodell beschreibt die Wechselkursunion als Ganzes, die sich aufgrund der Symmetrieannahmen wie ein kleines Land mit flexiblen Wechselkursen verhält. Es werden die Veränderungen des durchschnittlichen Zinsniveaus, $dr_B + dr_H$, und des gemeinsamen Wechselkurs de in Abhängigkeit von exogenen Schocks wie einer Änderung der Gesamtgeldmenge oder des Gesamtangebots an deutschen und französischen Bonds bestimmt.

Das zweite Gleichungssystem besteht aus den Gleichungen, die als Differenz entstanden sind. Es werden die Zinsdifferenz[7] $dr_B - dr_H$ und das Interventionsvolumen dR in Abhängigkeit von z.B. der Differenz des Angebots an deutschen und französischen Staatsschuldtiteln infolge von Offenmarktpolitik in einem der beiden Länder berechnet. Statt der einzelnen Zinsniveaus

[7] Im Ausgangsgleichgewicht ist $r_B = r_H$, so daß $dr_B - dr_H$ die Zinsdifferenz im neuen Gleichgewicht angibt.

Tabelle 2.3: Gleichungssysteme für das Grundmodell — Unter Symmetrieannahmen und bei Anwendung der AOKI-Methode

Gleichungssystem für die Wechselkursunion als Ganzes:

$$\begin{pmatrix} m_e + n_e & m_{r_B} + n_{r_B} \\ b_e + h_e & b_{r_B} + h_{r_B} \end{pmatrix} \begin{pmatrix} de \\ dr_B + dr_H \end{pmatrix} = \begin{pmatrix} d\widetilde{M} + d\widetilde{N} - (\alpha_M + \alpha_N) \\ dB + dH - (\alpha_B + \alpha_H) \end{pmatrix}$$

Systemdeterminante:

$$D_1 = (m_e + n_e)(b_{r_B} + h_{r_B}) - (b_e + h_e)(m_{r_B} + n_{r_B}) > 0$$

Gleichungssystem über die Unterschiede zwischen den Unionsländern:

$$\begin{pmatrix} m_{r_B} - n_{r_B} & -2 \\ b_{r_B} - h_{r_B} & 0 \end{pmatrix} \begin{pmatrix} dr_B - dr_H \\ dR \end{pmatrix} = \begin{pmatrix} d\widetilde{M} - d\widetilde{N} - (\alpha_M - \alpha_N) \\ dB - dH - (\alpha_B - \alpha_H) \end{pmatrix}$$

Systemdeterminante $\quad D_2 = 2\,(b_{r_B} - h_{r_B}) > 0.$

Es gilt (unter Symmetrieannahmen) $\quad 2D = D_1 \cdot D_2.$

wird also der durchschnittliche Zinssatz und die Zinsdifferenz bestimmt. Aus den Ergebnissen über den durchschnittlichen Zinssatz und die Zinsdifferenz können die Veränderungen der einzelnen Zinssätze

$$dr_B = \frac{1}{2} [(dr_B + dr_H) + (dr_B - dr_H)]$$

$$dr_H = \frac{1}{2} [(dr_B + dr_H) - (dr_B - dr_H)]$$

gewonnen werden.

2.2.7 Substituierbarkeit

In einer funktionierenden Wechselkursunion, in der sowohl das Wechselkursrisiko wie auch das Konvertibilitätsrisiko als klein eingeschätzt werden und in der in den Augen der Kapitalanleger die Erträge der verschiedenen Bonds als gleich sicher gelten, werden die Staatsschuldtitel aus den beiden Unionsländern enge Substitute sein. Deshalb wird auch betrachtet werden, wie die Ergebnisse vom Grad der Substituierbarkeit zwischen französischen und deutschen Bonds abhängen.

Je bessere Substitute deutsche und französische Bonds sind, desto stärker fallen die Portfolioumschichtungen als Reaktion auf eine Zinsänderung in einem Unionsland aus, d.h. desto größer sind die Absolutbeträge von b_{r_B}, h_{r_B}, h_{r_H} und b_{r_H}. Unter den aufgeführten Symmetrieannahmen genügt es, die jeweilige Reaktion auf den deutschen Zinssatz r_B zu betrachten.[8] Deshalb ist der in dem Gleichungssystem über die Unterschiede innerhalb der Wechselkursunion auftretende Ausdruck $b_{r_B} - h_{r_B}$ im Rahmen des Modells ein Maß für die Substituierbarkeit zwischen deutschen und französischen Bonds.[9] Dabei wird angenommen, daß sich die Reaktion der Gesamtgeldnachfrage $m_{r_B} + n_{r_B}$ und der Nachfrage nach Dollarbonds f_{r_B} auf den deutschen Zinssatz mit steigender Substituierbarkeit nicht ändert; dann folgt aus der Vermögensrestriktion

$$b_{r_B} + h_{r_B} + m_{r_B} + n_{r_B} + f_{r_B} = 0,$$

daß auch die Summe $b_{r_B} + h_{r_B}$ unabhängig vom Grad der Substituierbarkeit zwischen den Staatsschuldtiteln aus den beiden Unionsländern ist. Das Gleichungssystem für die Wechselkursunion als Ganzes wird deshalb von der Substitutionsbeziehung nicht beeinflußt.

[8]GIRTON/HENDERSON (1976c, Appendix A) formalisieren den Grad der Substituierbarkeit für ihr Zwei-Länder-Portfoliomodell, in dem keine Symmetrie vorausgesetzt wird. Sie weisen dabei auf Probleme hin, die bei zu starker Asymmetrie auftreten können ("perverse" movement in the slope of the BB-curve).

[9]Es sei daran erinnert, daß b_{r_B} und h_{r_B} verschiedenes Vorzeichen haben.

2.2.8 Leitwährungsmodell

Im dargelegten Grundmodell der Finanzmarktstruktur in der Wechselkursunion bleibt bei Interventionen auf dem Mark/Franc-Markt die Gesamtgeldmenge in der Wechselkursunion konstant. Die Geldmenge sinkt in dem Land, dessen Währung gestützt wird, um das Interventionsvolumen und steigt im anderen um den gleichen Betrag. Stattdessen wird im Leitwährungsmodell angenommen, daß die Mark innerhalb der Wechselkursunion Leitwährung in dem Sinne ist, daß die deutsche Zentralbank die Geldmengenänderungen aufgrund von obligatorischen Devisenmarktinterventionen vollständig sterilisiert, indem sie gegenläufige Offenmarktpolitik in inländischen Staatsschuldtiteln durchführt. Wenn die Reserveposition R und dadurch die Geldmenge in Deutschland steigt, verkauft die deutsche Zentralbank in gleicher Höhe inländische Staatsschuldtitel, so daß das Geldangebot M konstant bleibt und das Angebot an deutschen Bonds B steigt. Dadurch wird jetzt in Deutschland statt der Geldmenge das Angebot an Staatsschuldtiteln endogen bestimmt. Die Gleichgewichtsbedingungen auf den entsprechenden Märkten lauten

$$m = \widetilde{M}$$

$$b^1 + b^2 = \widetilde{B} + R,$$

wobei $\widetilde{M}$ die von der deutschen Zentralbank kontrollierbare deutsche Geldmenge und $\widetilde{B}$ den exogen bestimmten Teil des Angebots an deutschen Bonds bezeichnet.

Die gleiche Modifikation des Modells würde sich aus der Annahme ergeben, daß erstens nur die französische Zentralbank zur Verteidigung des festen Wechselkurses zwischen der Mark und dem Franc interveniert und daß zweitens diese ihre Mark-Währungsreserven in Form von Markbonds hält. In diesem Fall legt die französische Zentralbank bei Interventionen erzielte Mark-Guthaben in deutschen Bonds an bzw. verkauft Markbonds, um den Franc stützen zu können. Dabei bleibt die deutsche Geldmenge konstant, es ändert sich aber das Angebot an Markbonds. Die Wirkung von Devisenmarktinterventionen auf die deutsche Geldmenge wird gleichsam von der französischen Zentralbank sterilisiert.[10] Auf diese Form von Devisenmarktinterventionen gehen auch GIRTON/HENDERSON (1976a, S.44) und MARSTON (1980, S.71) ein.

Alle anderen Annahmen werden aus dem Grundmodell übernommen. Das Gleichungssystem des Leitwährungsmodells in Matrixform ist in Tabelle 2.4

[10] Für das EWS trifft das zumindest von der Idee her nicht zu. Intramarginale Interventionen, die einen großen Teil der Interventionen im EWS ausmachen, werden aber in der beschriebenen Form durchgeführt. (Vergl. Abschnitt 1.3.)

Tabelle 2.4: Gleichungssystem für das Leitwährungsmodell

$$\begin{pmatrix} m_{r_B} & m_{r_H} & m_e & 0 \\ n_{r_B} & n_{r_H} & n_e & 1 \\ b_{r_B} & b_{r_H} & b_e & -1 \\ h_{r_B} & h_{r_H} & h_e & 0 \end{pmatrix} \begin{pmatrix} dr_B \\ dr_H \\ de \\ dR \end{pmatrix} = \begin{pmatrix} d\widetilde{M} - \alpha_M \\ d\widetilde{N} - \alpha_N \\ d\widetilde{B} - \alpha_B \\ dH - \alpha_H \end{pmatrix}$$

Systemdeterminante:

$$\begin{aligned} \Delta \;=\; & m_e[(n_{r_B} + b_{r_B})h_{r_H} - (n_{r_H} + b_{r_H})h_{r_B}] \\ & - (n_e + b_e)(m_{r_B}h_{r_H} - m_{r_H}h_{r_B}) \\ & + h_e[m_{r_B}(n_{r_H} + b_{r_H}) - m_{r_H}(n_{r_B} + b_{r_B})] > 0 \end{aligned}$$

Es gilt $\Delta < D$.

Tabelle 2.5: Gleichungssystem für das Leitwährungsmodell — Unter Symmetrieannahmen und bei Anwendung der AOKI-Methode

$$\begin{pmatrix} m_e + n_e & m_{r_B} + n_{r_B} & 0 & 1 \\ b_e + h_e & b_{r_B} + h_{r_B} & 0 & -1 \\ 0 & 0 & m_{r_B} - n_{r_B} & -1 \\ 0 & 0 & b_{r_B} - h_{r_B} & -1 \end{pmatrix} \begin{pmatrix} de \\ dr_B + dr_H \\ dr_B + dr_H \\ dR \end{pmatrix} =$$

$$\begin{pmatrix} d\widetilde{M} + d\widetilde{N} - (\alpha_M + \alpha_N) \\ d\widetilde{B} + dH - (\alpha_B + \alpha_H) \\ d\widetilde{M} - d\widetilde{N} - (\alpha_M - \alpha_N) \\ d\widetilde{B} - dH - (\alpha_B - \alpha_H) \end{pmatrix}$$

Systemdeterminante $\quad D_1 \cdot \Delta_2 > 0$
mit $\quad \Delta_2 = (b_{r_B} - h_{r_B}) - (m_{r_B} - n_{r_B})$.

Es gilt $\quad \Delta_2 < D_2$
und unter Symmetrieannahmen $\quad 2\Delta = D_1 \cdot \Delta_2$.

angegeben. Wegen der Aufhebung der Symmetrie des Geld- und des Bondangebots zerfällt das Modell bei der Anwendung der Methode von AOKI nicht mehr in zwei voneinander unabhängige Gleichungssysteme. Zwar bestimmen sich die Zinsdifferenz und die Reserveposition R weiterhin aus einem 2×2-System; R bestimmt aber die Richtung der Offenmarktpolitik zur Sterilisierung und damit die Gesamtgeldmenge in der Wechselkursunion, die wiederum Einfluß auf den durchschnittlichen Zinssatz und auf den Wechselkurs hat. Im Leitwährungsmodell sind deshalb auch das durchschnittliche Zinsniveau und der Dollarwechselkurs vom Grad der Substituierbarkeit zwischen deutschen und französischen Bonds abhängig. Das Gleichungssystem des Leitwährungsmodells bei Anwendung der Methode von AOKI ist in Tabelle 2.5 angegeben.

Im Leitwährungsmodell überlagern sich also die Wirkung der ursprünglichen Störung und die Effekte der Offenmarktpolitik der deutschen Zentralbank, die diese durchführt, um die deutsche Geldmenge konstant zu halten. Dabei wird jeweils zu prüfen sein, wie die Annahme der Sterilisierung die Ergebnisse verändert, welche Effekte sie verstärkt und welche abgeschwächt werden. An dieser Stelle kann aber schon als Ergebnis festgehalten werden, daß unabhängig von der exogenen Störung das Interventionsvolumen im Leitwährungsmodell größer ist als im Grundmodell; das gilt unabhängig von den Symmetrieannahmen[11]. Dieses Resultat läßt sich formal leicht herleiten. Die Koeffizientenmatrix des Grundmodells (Tabelle 2.2 S.30) und des Leitwährungsmodells (Tabelle 2.4 S.36) unterscheiden sich nur in der vierten Spalte. Deshalb ist bei der Berechnung des Interventionsvolumens mit Hilfe der Cramerschen Regel stets der Zähler in beiden Modellen gleich. Da die Determinante Δ des Leitwährungsmodells kleiner ist als die Determinante D des Grundmodells, ist das Interventionsvolumen dR betragsmäßig größer. Wenn etwa der Franc durch Devisenmarktinterventionen gestützt werden muß und die deutsche Geldmenge sich dadurch vergrößert, wird die deutsche Zentralbank zur Sterilisierung kontraktive Offenmarktpolitik durchführen. Diese verstärkt die Aufwertungstendenz der Mark, so daß zusätzlich interveniert werden muß. Im folgenden Abschnitt werden die Effekte von Offenmarktpolitik im Grundmodell und im Leitwährungsmodell ausführlich behandelt, so daß dieses Ergebnis anschaulicher wird.

[11] Das entsprechende Ergebnis für Zwei-Länder-Portfolio-Modelle ist in GIRTON/HENDERSON (1976a) und in MARSTON (1980) enthalten. GIRTON/HENDERSON (1976a) betrachten noch weitere Politikoptionen wie etwa Zinspolitik und bezeichnen als „central result that, for any disturbance, the less changes in international reserves are allowed to affect money supplies, the larger the change in reserves required to reestablish equilibrium".

2.3 Offenmarktpolitik

2.3.1 Ergebnisse im Grundmodell

Die französische Zentralbank führe eine expansive Offenmarktpolitik in inländischen Staatsschuldtiteln durch. Die entstehende Überschußnachfrage nach französischen Bonds läßt den französischen Zinssatz sinken und dadurch die Nachfrage nach allen anderen Vermögensarten steigen. Die gestiegene Nachfrage nach deutschen Bonds wirkt dort zinssenkend, während die gestiegene Nachfrage nach Dollarbonds zur Abwertung der Mark und des Franc gegenüber dem Dollar führt. Der höhere Wechselkurs läßt das Vermögen in den Ländern der Wechselkursunion steigen, wodurch sich die Nachfrage nach allen Vermögensarten erhöht. Dieser Vermögenseffekt wirkt in beiden Ländern der Wechselkursunion zusätzlich zinssenkend.

In Grundmodell haben die Multiplikatoren für das durchschnittliche Zinsniveau und für den gemeinsamen Wechselkurs nach außen die gleiche Struktur wie im Portfoliomodell eines kleinen Landes mit flexiblem Wechselkurs:[12]

$$\left.\frac{de}{dH^n}\right|_G = \frac{1}{D_1}(b_{r_B} + h_{r_B} + m_{r_B} + n_{r_B}) = -\frac{f_{r_B}}{D_1} > 0$$

$$\left.\frac{dr_B + dr_H}{dH^n}\right|_G = -\frac{1}{D_1}(b_e + h_e + m_e + n_e) = -\frac{1}{D_1}(F - f_e) < 0$$

Die einzelnen Zinssätze in Deutschland und in Frankreich fallen um[13]

$$\left.\frac{dr_B}{dH^n}\right|_G = \frac{1}{D}(b_{r_H}(m_e + n_e + h_e) - b_e(h_{r_H} + m_{r_H} + n_{r_H})) < 0$$

$$\left.\frac{dr_H}{dH^n}\right|_G = \frac{1}{D}(b_e(h_{r_B} + m_{r_B} + n_{r_B}) - b_{r_B}(m_e + n_e + h_e)) < 0.$$

[12]Formal läßt sich die Offenmarktpolitik in Frankreich durch $d\tilde{N} = dH^n = -dH > 0$ beschreiben. Um die Störung von Helicopter-Money zu unterscheiden, steht im Nenner der Multiplikatoren der Bestand an Staatsschuldtiteln bei der französischen Zentralbank, H^n. Die Multiplikatoren des Grundmodells werden mit „G" gekennzeichnet.

[13]Ausdrücke, die mit den Determinanten D bzw Δ angegeben sind, gelten auch ohne die Symmetrieannahmen. Bei Symmetrie gilt, daß $2D = D_1 D_2$ bzw. $2\Delta = D_1\Delta_2$.

Da das Angebot an französischen Staatsschuldtiteln — bei gleichbleibendem Angebot an deutschen Bonds — infolge der Offenmarktpolitik sinkt, fällt der französische Zinssatz stärker als der deutsche; die Differenz beträgt

$$\left.\frac{dr_B - dr_H}{dH^n}\right|_G = \frac{2}{D_2} = \frac{1}{b_{r_B} - h_{r_B}} > 0.$$

Die expansive Offenmarktpolitik führt nicht nur zu einer Abwertung des Franc und der Mark gegenüber dem Dollar, sondern der Franc gerät auch unter Abwertungsdruck gegenüber der Mark. Um diese Abwertung zu verhindern, müssen die Zentralbanken am Devisenmarkt intervenieren, und es entsteht eine Nettoforderung R der deutschen Zentralbank gegen die französische Zentralbank. Ein Teil des zusätzlichen Geldes fließt also nach Deutschland ab. Die Geldnachfrage ist aber im neuen Gleichgewicht in Frankreich höher als in Deutschland, weil der französische Zinssatz niedriger ist als der deutsche. Entsprechend beträgt das Interventionsvolumen

$$\left.\frac{dR}{dH^n}\right|_G = \frac{1}{D_2}(b_{r_B} - h_{r_B} + m_{r_B} - n_{r_B}); \qquad 0 < \left.\frac{dR}{dH^n}\right|_G < \frac{1}{2}.$$

weniger als die Hälfte des Umfangs der expansiven Offenmarktpolitik, d.h., die französische Geldmenge steigt stärker als die deutsche.

Substituierbarkeit und Asymmetrie

Je bessere Substitute die Bonds aus den beiden Ländern der Wechselkursunion B und H sind, d.h. je größer $b_{r_B} - h_{r_B}$ ist, desto kleiner ist die Zinsdifferenz und desto größer ist das Interventionsvolumen. Für $b_{r_B} - h_{r_B} \rightarrow \infty$, d.h. wenn deutsche und französische Staatsschuldtitel vollständige Substitute sind, strebt die Zinsdifferenz gegen Null und die Hälfte des neugeschaffenen Geldes fließt nach Deutschland ab. Die Wirkung der Offenmarktpolitik auf die Größen, die die Wechselkursunion als Ganzes beschreiben, d.h. auf den Wechselkurs und auf den durchschnittlichen Zinssatz, sind dagegen vom Grad der Substituierbarkeit unabhängig.

Das Ergebnis, daß beide Zinssätze sinken und daß es zu einer Abwertung kommt, gilt unabhängig von den Symmetrieannahmen. Es kann aber nicht mehr gesagt werden, daß der französische Zinssatz stärker sinkt als der deutsche. Wenn etwa die Nachfragen nach deutschen und französischen Bonds unterschiedlich auf den Wechselkurs reagieren, kann es sein, daß der Vermögenseffekt der Abwertung den deutschen Zinssatz so sehr beeinflußt, daß dieser stärker fällt als der französische. Natürlich kann bei Asymmetrie auch das Interventionsvolumen am Mark/Franc-Markt so groß sein, daß die Geldmenge in Deutschland um einen größeren Betrag wächst als in Frankreich.

2.3.2 Ergebnisse im Leitwährungsmodell

Im Leitwährungsmodell reagiert die deutsche Zentralbank auf die Geldmengenerhöhung infolge der obligatorischen Interventionen mit einer kontraktiven Offenmarktpolitik, um die Geldmenge in Deutschland konstant zu halten. Isoliert betrachtet bewirkt diese kontraktive Offenmarktpolitik einen Anstieg der Zinssätze in beiden Unionsländern, der in Deutschland stärker ist als in Frankreich, eine Aufwertung der Währungen der Wechselkursunion und eine Zunahme der Nettoforderung der deutschen Zentralbank an die französische. Sie wirkt damit der Zinssenkung und der Abwertung, die von der französischen Geldmengenausweitung verursacht wurde, entgegen. Da aber der Einfluß der Offenmarktpolitik auf die eigene Geldmenge jeweils größer ist als auf die Geldmenge im Partnerland, hat die kontraktive Offenmarktpolitik der deutschen Zentralbank einen kleineren Umfang als die expansive Offenmarktpolitik in Frankreich. Im Ergebnis sinkt deshalb das durchschnittliche Zinsniveau und der gemeinsame Wechselkurs steigt, wobei die Reaktion jeweils kleiner ist als im Grundmodell:[14]

$$\left.\frac{dr_B + dr_H}{dH^n}\right|_{LW} = \frac{2}{D_1\Delta_2}(m_{r_B} - n_{r_B})(F - f_e) = (1-\gamma)\left.\frac{dr_B + dr_H}{dH^n}\right|_G \qquad < 0$$

$$\left.\frac{de}{dH^n}\right|_{LW} = \frac{2}{D_1\Delta_2}(m_{r_B} - n_{r_B})\,f_{r_B} = (1-\gamma)\left.\frac{de}{dH^n}\right|_G \qquad > 0$$

mit

$$\gamma = \left.\frac{dR}{dH^n}\right|_{LW} = \frac{(b_{r_B} - h_{r_B}) + (m_{r_B} - n_{r_B})}{(b_{r_B} - h_{r_B}) - (m_{r_B} - n_{r_B})}; \qquad 0 < \gamma < 1.$$

γ gibt an, welchen Bruchteil der französischen Offenmarktpolitik das Interventionsvolumen und damit die kontraktive Offenmarktpolitik der deutschen Zentralbank ausmacht; die französische Geldmenge und damit die Gesamtgeldmenge in der Wechselkursunion steigt dann um das $(1-\gamma)$-fache der ursprünglichen französischen Offenmarktpolitik. Dabei steigt die Geldmenge in Frankreich weniger als im Grundmodell, und der Faktor

$$1-\gamma = -\frac{2}{\Delta_2}(m_{r_B} - n_{r_B}) = \frac{-2\,(m_{r_B} - n_{r_B})}{(b_{r_B} - h_{r_B}) - (m_{r_B} - n_{r_B})}$$

[14] Die Multiplikatoren des Leitwährungsmodells werden mit „LW" gekennzeichnet.

kann — abhängig vom Grad der Substituierbarkeit von B und H — beliebig nahe an Null sein.

Während also die Sterilisierungspolitik der deutschen Zentralbank die Wirkung der französischen Offenmarktpolitik auf die Größen, die die Wechselkursunion als Ganzes beschreiben, dämpft, verstärkt sie die entstehenden Unterschiede zwischen den beiden Unionsländern. Die kontraktive Offenmarktpolitik der deutschen Zentralbank erhöht den deutschen Zinssatz mehr als den französischen, so daß die positive Differenz $dr_B - dr_H$, die aus der expansiven Offenmarktpolitik der französischen Zentralbank resultiert, vergrößert wird:

$$\left.\frac{dr_B - dr_H}{dH^n}\right|_{LW} = \frac{2}{\Delta_2} = (1+\gamma)\left.\frac{dr_B - dr_H}{dH^n}\right|_G > 0.$$

Außerdem verstärkt die kontraktive Offenmarktpolitik der deutschen Zentralbank die Abwertungstendenz des Franc gegenüber der Mark, so daß das Interventionsvolumen dR bzw. der Verlust der französischen Zentralbank an Währungsreserven größer ist als im Grundmodell.

$$\left.\frac{dR}{dH^n}\right|_{LW} = \frac{1}{\Delta_2}(b_{r_B} - h_{r_B} + m_{r_B} - n_{r_B}) = (1+\gamma)\left.\frac{dR}{dH^n}\right|_G = \gamma > 0.$$

Die Zinssätze in den einzelnen Unionsländern entwickeln sich gegenläufig: Der französische Zinssatz r_H sinkt, wenn auch um weniger als im Grundmodell, während der Zinssatz in Deutschland eindeutig steigt. Hier überwiegt also die zinssteigernde Wirkung der kontraktiven Offenmarktpolitik der deutschen Zentralbank:

$$\left.\frac{dr_B}{dH^n}\right|_{LW} = \frac{1}{\Delta}(m_e(h_{r_H} + n_{r_H} + b_{r_H}) - m_{r_H}(h_e + n_e + b_e)) > 0$$

$$\left.\frac{dr_H}{dH^n}\right|_{LW} = \frac{1}{\Delta}(m_{r_B}(h_e + n_e + b_e) - m_e(n_{r_B} + b_{r_B} + h_{r_B})) < 0.$$

Diese Reaktion des deutschen Zinssatzes läßt sich auch am deutschen Geldmarkt illustrieren. Die deutsche Geldnachfrage steigt sowohl durch die gesunkenen französischen Zinsen wie auch durch den gestiegenen Wechselkurs; bei konstanter Geldmenge in Deutschland ist für ein neues Gleichgewicht ein höherer deutscher Zins erforderlich, der die Überschußnachfrage nach Geld zurückdrängt. Der deutsche Zinssatz steigt also umso weniger, je schwächer die deutsche Geldnachfrage auf den französischen Zinssatz und auf den Dollarwechselkurs reagiert.

Substituierbarkeit und Asymmetrie

Je größer die Substituierbarkeit zwischen deutschen und französischen Bonds ist, desto größer ist γ, d.h., desto größer ist das Interventionsvolumen und die kontraktive Offenmarktpolitik der deutschen Zentralbank, desto schwächer steigt die französische Geldmenge, desto geringer ist die Abwertung und desto weniger fällt der durchschnittliche Zinssatz. Wenn deutsche und französische Staatsschuldtitel vollkommene Substitute sind, d.h. wenn $b_{r_B} - h_{r_B} \to \infty$ strebt, hat die kontraktive Offenmarktpolitik der deutschen Zentralbank den gleichen Umfang wie die expansive Offenmarktpolitik der französischen Zentralbank, so daß die Geldmenge auch in Frankreich konstant bleibt. In diesem Fall sind auch die Zinssätze in den Unionsländern und der Wechselkurs gegenüber dem Dollar konstant. Frankreich kann dann keine autonome Geldpolitik mehr durchführen, und der Versuch, die französische Geldmenge durch expansive Offenmarktpolitik auszudehnen, führt lediglich zu einem Verlust an Währungsreserven in gleichem Umfang.

Unabhängig von den Symmetrieannahmen gilt, daß im Leitwährungsmodell bei expansiver Offenmarktpolitik der französischen Zentralbank der französische Zins sinkt und der deutsche Zins steigt. Die Entwicklung des durchschnittlichen Zinssatzes bleibt bei Asymmetrie aber unbestimmt.

Auch die Entwicklung des Wechselkurses ist nicht mehr eindeutig, wie an folgendem Multiplikator leicht zu sehen ist:

$$\left.\frac{de}{dH^n}\right|_{LW} = \frac{1}{\Delta}\left(m_{r_B} f_{r_H} - m_{r_H} f_{r_B}\right) \gtreqless 0.$$

Es kann zu einer Aufwertung der Währungen der Wechselkursunion kommen, wenn die Nachfrage nach Dollarbonds infolge des höheren deutschen Zinssatzes stärker fällt, als sie aufgrund des niedrigeren französischen Zinssatzes steigt. Notwendige Bedingung für eine Aufwertung ist aber auch, daß die deutsche Geldnachfrage ausreichend auf den französischen Zinssatz reagiert, da nur hierdurch bei gestiegenem deutschen Zinssatz und gesunkenem Vermögen die Geldnachfrage konstant bleiben kann.

Es ist bei Asymmetrie unter den Annahmen des Modells sogar nicht auszuschließen, daß die französische Geldmenge und somit auch die Gesamtgeldmenge in der Wechselkursunion infolge der expansiven Offenmarktpolitik sinkt, d.h. um die deutsche Geldmenge konstant zu halten, muß die deutsche Zentralbank kontraktive Offenmarktpolitik in größerem Umfang durchführen als die ursprüngliche französische Offenmarktpolitik. Auch dieser Fall ist aber dann unmöglich, wenn die Geldnachfrage jeweils nicht oder kaum auf den Zinssatz im anderen Land der Wechselkursunion reagiert.

2.4 Ergebnisse weiterer Politikschocks

In diesem Abschnitt sollen kurz die Auswirkungen weiterer Politikmaßnahmen, die das Angebot an einzelnen Vermögensarten ändern, zusammengefaßt werden. In Tabelle 2.6 sind die qualitativen Ergebnisse für Offenmarktpolitik in Dollarbonds durch die französische Zentralbank ($d\widetilde{N} = dF^n$) und für ein geld- bzw. bondfinanziertes Budgetdefizit in Frankreich ($d\widetilde{M} = d\widetilde{W}^2$ bzw. $d\bar{H} = d\widetilde{W}^2$) zusammengestellt. Zum Vergleich sind in der ersten Spalte die Resultate der im vorigen Abschnitt betrachteten Offenmarktpolitik in inländischen Staatsschuldtiteln aufgeführt.

2.4.1 Interventionen auf dem Dollarmarkt

Die französische Zentralbank interveniere zur Stützung des Dollars, indem sie Dollarbonds gegen Francs aufkauft. Im Grundmodell sinken infolgedessen der deutsche und der französische Zinssatz, und es kommt zu einer Abwertung der Währungen der Wechselkursunion. Die Wirkungsrichtung ist dabei jeweils die gleiche wie bei expansiver Offenmarktpolitik in inländischen Staatsschuldtiteln; die Wirkung auf den durchschnittlichen Zinssatz ist aber geringer, während der Wechselkurseffekt größer ist.

Durch die gestiegene französische Geldmenge gerät der Franc auch unter Abwertungsdruck gegenüber der Mark, und über die erforderlichen Interventionen zur Stützung des Franc fließt die Hälfte des zusätzlichen Geldes nach Deutschland ab, so daß die Geldmengen in beiden Ländern um den gleichen Betrag steigen. Auch die Währungsreserven erhöhen sich in beiden Ländern um die Hälfte des Volumens der Dollarmarktintervention; den von der französischen Zentralbank erworbenen Dollarbonds steht eine Nettoforderung der deutschen Zentralbank an die französische gegenüber.

Die Zinssätze in Deutschland und in Frankreich unterscheiden sich im neuen Gleichgewicht nicht, da das Angebot an deutschen und französischen Staatsschuldtiteln konstant bleibt und die entsprechenden Bondnachfragen auf die Abwertung gleich reagieren. Hervorzuheben ist, daß im Grundmodell eine Dollarmarktintervention keine Unterschiede zwischen den Unionsländern verursacht, und daß die Auswirkungen unabhängig davon sind, welche Zentralbank im Dollarmarkt interveniert.

Verschiedene Entwicklungen in den Unionsländern ergeben sich aber im Leitwährungsmodell durch die kontraktive Offenmarktpolitik der deutschen Zentralbank, die diese zur Sterilisierung der deutschen Geldmengenerhöhung durchführt. Die kontraktive Offenmarktpolitik läßt, isoliert betrachtet, beide Zinssätze steigen; diese Wirkung ist so groß, daß der deutsche Zinssatz im Ergebnis steigt und die Entwicklung des französischen Zinssatzes unbestimmt

Tabelle 2.6: Qualitative Ergebnisse bei Politikschocks

	(a) $d\widetilde{N} = dH^n$		(b) $d\widetilde{N} = edF^n$		(c) $d\widetilde{N} = d\widetilde{W}^2$		(d) $d\bar{H} = d\widetilde{W}^2$	
	G	LW	G	LW	G	LW	G	LW
$dr_B + dr_H$	−	−	−	?	−	?	+	+
$dr_B - dr_H$	+	+	0	+	+	+	−	−
dr_B	−	+	−	+	−	+	?	?
dr_H	−	−	−	?	−	?	+	+
de	+	+	+	+	+	+	?	?
dR	+	+	+	+	+	+	?	?

(a) Offenmarktpolitik in inländischen Bonds durch die französische Zentralbank

(b) Offenmarktpolitik in Dollarbonds (Intervention auf dem Dollarmarkt) durch die französische Zentralbank

(c) Geldfinanziertes Budgetdefizit in Frankreich (Helicopter-Money)

(d) Bondfinanziertes Budgetdefizit in Frankreich

wird. Auch im Leitwährungsmodell werten die Mark und der Franc gegenüber dem Dollar ab, obwohl natürlich die kontraktive Offenmarktpolitik die Abwertung dämpft.

2.4.2 Geldfinanziertes Budgetdefizit (Helicopter-Money)

In Frankreich werde ein Budgetdefizit durch Geldschöpfung finanziert, so daß die französische Geldmenge steigt, ohne daß sich das Angebot an anderen Vermögenstiteln verändert. Diese höhere Geldmenge entspricht einem gestiegenen Finanzvermögen der Privaten in Frankreich.

Im Grundmodell ergeben sich qualitativ die gleichen Ergebnisse wie bei Offenmarktpolitik in inländischen Bonds, das Sinken des durchschnittlichen Zinssatzes und die Abwertung sind aber geringer. Auch die Zinssatzdifferenz ist kleiner als bei Offenmarktpolitik; der französische Zinssatz sinkt nur deshalb stärker als der deutsche, weil durch das gestiegene französische Finanzvermögen die Nachfrage nach französischen Bonds stärker steigt als die Nachfrage nach deutschen Bonds. Durch obligatorische Interventionen auf dem Mark/Franc-Markt fließt ein Teil des zusätzlichen Geldes nach Deutschland ab; die französische Geldmenge steigt aber stärker als die deutsche.

Im Leitwährungsmodell führt die deutsche Zentralbank als Reaktion auf die gestiegene deutsche Geldmenge wiederum eine kontraktive Offenmarktpolitik durch. Die qualitativen Ergebnisse sind die gleichen wie im Fall der Dollarmarktinterventionen: der deutsche Zinssatz steigt, die Entwicklung des durchschnittlichen und des französischen Zinssatzes ist unbestimmt, und es kommt zu einer Erhöhung des Dollarkurses.

Zusammenfassend kann gesagt werden, daß in allen drei Fällen der Geldmengenerhöhung in Frankreich sowohl im Grundmodell wie auch im Leitwährungsmodell die Mark und der Franc gegenüber dem Dollar abwerten und der Franc unter Abwertungsdruck innerhalb der Wechselkursunion gerät. Die Sterilisierung der deutschen Zentralbank dämpft dabei die Abwertung gegenüber dem Dollar und verstärkt den Abfluß an Währungsreserven aus Frankreich. Ohne Sterilisierung sinken die Zinssätze in Frankreich und in Deutschland als Folge der Geldmengenausweitung; im Fall vollständiger Sterilisierung dagegen muß der deutsche Zinssatz steigen, um die infolge der Abwertung (und des in der Regel gesunkenen französischen Zinssatzes) gestiegene deutsche Geldnachfrage zurückzudrängen. Der französische Zinssatz sinkt im Leitwährungsmodell um weniger als im Grundmodell oder kann — im Fall der Dollarmarktintervention und des Helicopter-Money — auch steigen.

2.4.3 Bondfinanziertes Budgetdefizit

Betrachtet wird eine Erhöhung des Bestandes an französischen Staatsschuldtiteln, die einer Erhöhung des französischen Finanzvermögens entspricht. Durch das größere Angebot an Francbonds steigt der französische und somit auch der durchschnittliche Zinssatz.

Wie im Portfoliomodell eines kleinen Landes kann der Dollarkurs steigen oder fallen. Die Nachfrage nach Dollarbonds steigt aufgrund des exogen gestiegenen Vermögens, und sie sinkt infolge des gestiegenen durchschnittlichen Zinssatzes. Der Vermögenseffekt wirkt in Richtung Abwertung, während der Substitutionseffekt eine Tendenz zur Aufwertung verursacht, und es ist unbestimmt, welcher Effekt überwiegt. Entsprechend kann der Franc gegenüber der Mark unter Aufwertungs- oder unter Abwertungsdruck geraten, da die französische Geldnachfrage durch das gestiegene Vermögen steigt und durch den höheren Zins sinkt. Dabei tendiert der Franc umso eher stark gegenüber der Mark, je bessere Substitute französische und deutsche Bonds sind.

Die Entwicklung des Dollarkurses und die Richtung der erforderlichen Intervention auf dem Mark/Franc-Markt sind unabhängig voneinander; der Franc kann beispielsweise stark gegenüber dem Dollar und schwach gegenüber der Mark sein. Allerdings wertet der Franc im Grenzfall vermögensunabhängiger Geldnachfrage sowohl gegenüber dem Dollar wie auch in der Tendenz gegenüber der Mark ab.

Auch die Entwicklung des deutschen Zinssatzes ist unbestimmt. Der Substitutionseffekt wirkt zinssteigernd, die höhere Nachfrage nach Markbonds durch das exogen gestiegene französische Vermögen wirkt zinssenkend, und die Richtung des Vermögenseffektes infolge der Wechselkursänderung ist auch unbestimmt. So kann nur das Ergebnis festgehalten werden, daß der deutsche Zinssatz im neuen Gleichgewicht jedenfalls niedriger ist als der französische.

Da nicht eindeutig ist, ob die deutsche Geldmenge durch Devisenmarktinterventionen zur Garantie des festen Mark/Franc-Wechselkurses steigt oder sinkt, kann auch nicht gesagt werden, ob die deutsche Zentralbank zur Sterilisierung expansive oder kontraktive Offenmarktpolitik durchführen wird, ob die Effekte verstärkt, gedämpft oder umgekehrt werden.

2.5 Portfolioumschichtungen zwischen Mark- und Dollarbonds

Im folgenden wird eine exogene Erhöhung der Nachfrage nach deutschen Staatsschuldtiteln auf Kosten der Nachfrage nach Dollarbonds untersucht. Um diese Portfolioumschichtung zwischen Mark- und Dollarbonds formal fassen zu können, wird zu den entsprechenden Nachfragefunktionen der Ausdruck u addiert bzw. subtrahiert. Die Gleichgewichtsbedingungen auf den Märkten für Mark- und Dollarbonds lauten dann:

$$b + u = B \qquad \text{bzw.} \qquad f - u = eF.$$

Die betrachtete Störung entspricht somit einer Erhöhung von u.

2.5.1 Ergebnisse im Grundmodell

Die entstehende Überschußnachfrage nach deutschen Bonds läßt den deutschen Zinssatz r_B sinken, während das Überschußangebot auf dem Markt für Dollarbonds zu einer Aufwertung der Mark und des Franc gegenüber dem Dollar führt. Durch die gefallene Rendite auf deutsche Staatsschuldtitel steigt die Nachfrage nach den anderen Vermögensarten; die höhere Nachfrage nach französischen Bonds wirkt dabei in Frankreich zinssenkend. Dagegen läßt die Aufwertung das Finanzvermögen und damit die Nachfrage nach allen Assets fallen; sie wirkt somit in den beiden Unionsländern zinserhöhend. Auf den französischen Zinssatz r_H wirken also ein Substitutionseffekt und ein Vermögenseffekt in entgegengesetzter Richtung, und es ist unbestimmt, ob r_H im Ergebnis sinkt oder steigt.

Die Wechselkursunion als Ganzes reagiert wiederum wie ein kleines Land mit flexiblem Wechselkurs. Die Aufwertung der Währungen der Wechselkursunion beträgt

$$\left.\frac{de}{du}\right|_G = \frac{m_{r_B} + n_{r_B}}{D_1} < 0.$$

Der Multiplikator

$$\left.\frac{dr_B + dr_H}{du}\right|_G = -\frac{m_e + n_e}{D_1} < 0$$

zeigt, daß der durchschnittliche Zinssatz umso weniger sinkt, je schwächer die deutsche und die französische Geldnachfrage auf Wechselkursänderungen reagieren. Der durchschnittliche Zinssatz kann bei konstanter Gesamtgeldmenge nur insoweit fallen, wie die dadurch steigende Geldnachfrage von der Aufwertung zurückgedrängt wird. Ein geringer Einfluß des Wechselkurses auf die Geldnachfrage ist wegen der Vermögensrestriktion

$$m_e + n_e + b_e + h_e + f_e = F$$

ceteris paribus gleichbedeutend damit, daß der Wechselkurs eine entsprechend starke Wirkung auf die Bondnachfragen hat und der zinssteigernde Vermögenseffekt entsprechend groß ist. Im Grenzfall wechselkursunabhängiger Geldnachfrage bleibt der durchschnittliche Zinssatz konstant, und für die Wechselkursunion als Ganzes erfolgt die Anpassung allein über den Wechselkurs.

Der deutsche und der französische Zinssatz unterscheiden sich im neuen Gleichgewicht um

$$\left.\frac{dr_B - dr_H}{du}\right|_G = -\frac{2}{D_2} = -\frac{1}{br_B - h_{r_B}} < 0.$$

Der deutsche Zinsatz ist im neuen Gleichgewicht niedriger als der französische. Der Zinsunterschied ist dabei umso kleiner, je bessere Substitute die Bonds aus den Unionsländern sind. Der deutsche Zinssatz sinkt um

$$\left.\frac{dr_B}{du}\right|_G = \frac{1}{D}\left[(m_{r_H} + n_{r_H})h_e - h_{r_H}(m_e + n_e)\right] < 0.$$

Die unbestimmte Entwicklung des französischen Zinssatzes läßt sich auf zweierlei Weise illustrieren. Einerseits gilt

$$\left.\frac{dr_H}{du}\right|_G = \frac{1}{2}\left(\left.\frac{dr_B + dr_H}{du}\right|_G - \left.\frac{dr_B - dr_H}{du}\right|_G\right),$$

die Summanden haben unterschiedliche Vorzeichen und wie oben ausgeführt wurde, können sowohl die Änderung des durchschnittlichen Zinssatzes wie auch die Zinsdifferenz unabhängig voneinander beliebig klein sein. Der französische Zinssatz wird wie der deutsche sinken, wenn französische und deutsche Bonds enge Substitute sind; er wird dagegen steigen, wenn der Einfluß des Wechselkurses auf die Bondnachfragen so groß ist, daß der durchschnittliche Zinssatz kaum sinkt.

Andererseits läßt sich der französische Zinssatz direkt ausrechnen; es gilt

$$\left.\frac{dr_H}{du}\right|_G = \frac{1}{D}\left[(m_e + n_e)h_{r_B} - (m_{r_B} + n_{r_B})h_e\right] \gtreqless 0$$

$$\text{für} \quad \frac{|h_{r_B}|}{h_e} \lesseqgtr \frac{|m_{r_B} + n_{r_B}|}{m_e + n_e},$$

d.h. der französische Zinssatz sinkt genau dann, wenn — relativ zur Geldnachfrage in beiden Unionsländern — die Nachfrage nach französischen Bonds stärker auf den deutschen Zinssatz als auf den Wechselkurs reagiert.

Die Mark wertet aufgrund der Verschiebung der Bondnachfrage nicht nur gegenüber dem Dollar auf, sie gerät auch unter Aufwertungsdruck gegenüber dem Franc; das notwendige Interventionsvolumen zur Stabilisierung des Mark/Franc-Kurses beträgt

$$\left.\frac{dR}{du}\right|_G = -\frac{m_{r_B} - n_{r_B}}{D_2} = -\frac{m_{r_B} - n_{r_B}}{2\,(b_{r_B} - h_{r_B})} > 0.$$

Die Geldmenge steigt in Deutschland und sinkt in Frankreich um diesen Betrag. Im neuen Gleichgewicht ist die Geldnachfrage in Deutschland größer als in Frankreich, weil der deutsche Zinssatz niedriger ist als der französische und die Geldnachfrage jeweils stärker auf den inländischen Zins reagiert als auf den Zins im anderen Unionsland. Das notwendige Interventionsvolumen ist also umso kleiner, je stärker ceteris paribus die Geldnachfrage auf den Zinssatz im Partnerland reagiert, d.h. je kleiner $m_{r_B} - n_{r_B}$ betragsmäßig ist, und je bessere Substitute deutsche und französische Bonds sind, weil dann die Zinsdifferenz geringer ist.

2.5.2 Ergebnisse im Leitwährungsmodell

Im Leitwährungsmodell reagiert die deutsche Zentralbank auf die Geldmengenerhöhung mit kontraktiver Offenmarktpolitik, so daß die Gesamtgeldmenge in der Wechselkursunion sinkt. Diese kontraktive Geldpolitik wirkt in beiden Ländern zinserhöhend, so daß im Ergebnis die Entwicklung der durchschnittlichen Zinsen unbestimmt wird:

$$\left.\frac{dr_B + dr_H}{du}\right|_{LW}$$

$$= -\frac{1}{D_1\Delta_2}\left[(m_e + n_e)(b_{r_B} - h_{r_B}) + (b_e + h_e)(m_{r_B} - n_{r_B})\right] \gtrless 0$$

Die durchschnittlichen Zinsen steigen umso eher, je weniger die Geldnachfrage vom Wechselkurs abhängt, da bei sinkender Gesamtgeldmenge fallende Durchschnittszinsen nur dann mit dem Gleichgewicht auf dem Geldmarkt vereinbar sind, wenn die Aufwertung die Geldnachfrage in ausreichendem Ausmaß zurückdrängt.

Der deutsche Zinssatz sinkt auch im Leitwährungsmodell; er ändert sich aber weniger als im Grundmodell ohne Sterilisierung; die Entwicklung des französischen Zinssatzes bleibt unbestimmt:

$$\left.\frac{dr_B}{du}\right|_{LW} = \frac{1}{\Delta}(h_e m_{r_H} - h_{r_H} m_e) < 0$$

$$\left.\frac{dr_H}{du}\right|_{LW} = \frac{1}{\Delta}(h_e m_{r_B} - h_{r_B} m_e) \gtreqless 0$$

Der deutsche Zinssatz ist wie im Grundmodell kleiner als der französische,

$$\left.\frac{dr_B - dr_H}{du}\right|_{LW} = -\frac{1}{\Delta_2} = \frac{-1}{(b_{r_B} - h_{r_B}) - (m_{r_B} - n_{r_B})} < 0;$$

der Zinsunterschied wird durch die Sterilisierung aber geringer, da die kontraktive Offenmarktpolitik auf den deutschen Zinssatz stärker zinssteigernd wirkt als auf den französischen.

Die Sterilisierung der deutschen Zentralbank verkleinert also die Zinssatzänderung in Deutschland; sie verstärkt aber die Aufwertung gegenüber dem Dollar. Die Wirkung der betrachteten exogenen Portfolioumschichtung auf den gemeinsamen Wechselkurs des Franc und der Mark gegenüber dem Dollar beträgt jetzt

$$\left.\frac{de}{du}\right|_{LW} = \frac{1}{\Delta}(m_{r_B} h_{r_H} - h_{r_B} m_{r_H}) < 0.$$

Wenn eine Verstärkung der Aufwertung von der deutschen Zentralbank nicht gewünscht wird, wären Interventionen auf dem Dollarmarkt, die im Modell in der Form von Offenmarktpolitik in Dollarbonds betrachtet werden können, eine Politikalternative.[15] Durch den Aufkauf von Dollarbonds durch die deutsche Zentralbank würde der Aufwertungsdruck der Mark sowohl gegenüber dem Dollar als auch gegenüber dem Franc verkleinert. Durch sterilisierte Interventionen auf dem Markt für Dollarbonds, die nichts anderes sind als der Austausch von inländischen Staatsschuldtiteln gegen Dollarbonds im Portfolio der deutschen Zentralbank, können im Modell die ursprünglichen Gleichgewichtswerte für die Zinssätze, den Dollarwechselkurs und die Nettoposition zwischen den Zentralbanken erhalten werden, da der geänderten Bondnachfrage ein im entsprechenden Umfang verändertes Angebot gegenübersteht.

[15] Von HAGEN (1989) kommt in seiner ökonometrischen Untersuchung über die Sterilisierung von Devisenmarktinterventionen durch die Deutsche Bundesbank zu dem Ergebnis, daß in Phasen, in denen die Mark sowohl gegenüber dem Dollar als auch innerhalb des EWS unter Aufwertungsdruck (bzw. Abwertungsdruck) steht, nicht vollständig sterilisiert wird.

Asymmetrie

Die Resultate, daß bei einer exogenen Verschiebung der Bondnachfrage von Dollarbonds zu deutschen Staatsschuldtiteln der deutsche Zinssatz sinkt und die Währungen der Wechselkursunion aufwerten, gelten in beiden Modellversionen unabhängig von den Symmetrieannahmen. Ohne die Symmetrieannahmen kann der französische Zinssatz aber stärker fallen als der deutsche, und auch im Grundmodell so stark steigen, daß der durchschnittliche Zinssatz steigt.

Es kann auch nicht ausgeschlossen werden, daß die Mark gegenüber dem Franc unter Abwertungsdruck gerät. Wenn etwa die Aufwertung die französische Geldnachfrage kaum, die deutsche Geldnachfrage dagegen stark fallen läßt, ist es möglich, daß die französische Geldnachfrage im neuen Gleichgewicht größer ist als die deutsche. Das hieße, daß die Geldmenge in Frankreich infolge von Interventionen zur Stützung der Mark gestiegen ist. In diesem Fall müßte die deutsche Zentralbank zur Sterilisierung expansive Offenmarktpolitik durchführen, die die Zinssätze weiter sinken ließe und die Aufwertung abschwächen würde.

2.6 Zusammenfassung und Fazit

Im Rahmen eines kurzfristigen Portfoliomodells einer Wechselkursunion wurden in diesem Kapitel als exogene Störungen verschiedene Formen der Geldpolitik und eine Nachfrageverschiebung zwischen Mark- und Dollarbonds betrachtet. Außerdem wurde kurz auf eine Erhöhung der Staatsschuld in einem Unionsland eingegangen.

Hier sollen nicht die Ergebnisse im einzelnen wiederholt werden, sondern auf einige interessante Punkte, insbesondere im Zusammenhang mit der Sterilisierungspolitik im Leitwährungsmodell, hingewiesen werden. Zur sprachlichen Vereinfachung werden die Unionsländer weiterhin Deutschland und Frankreich genannt.

Solange Staatsschuldtitel der Unionsländer unvollkommene Substitute sind, kann Frankreich auch dann seine Geldmenge durch expansive Politik erhöhen, wenn die deutsche Zentralbank die Liquiditätswirkungen von Devisenmarktinterventionen vollständig sterilisiert. Die Wirkung einer gegebenen Offenmarktoperation auf die eigene Geldmenge ist aber geringer und der resultierende Verlust an Währungsreserven höher als im Grundmodell mit symmetrischem Interventionsmechanismus, so daß die Grenzen einer autonomen Geldpolitik schneller erreicht werden.

Im Grundmodell hat eine expansive Geldpolitik in Frankreich die erwarteten Effekte: Die Geldmengen steigen und die Zinsen sinken in beiden

Ländern der Wechselkursunion, und es kommt zu einer Abwertung der Mark und des Franc gegenüber dem Dollar. Wenn dagegen die deutsche Zentralbank die Geldmenge durch Sterilisierungspolitik konstant hält, steigt der deutsche Zinssatz bei einer expansiven Geldpolitik in Frankreich. Die kontraktive Geldpolitik zur Sterilisierung wirkt der Abwertung entgegen, im Ergebnis werten die Mark und der Franc aber gegenüber dem Dollar ab. Deutschland ist also auch als Leitwährungsland nicht von den Auswirkungen der französischen Geldpolitik abgeschirmt. Wenn — wie z.B. im Fall von Helicopter-Money — der Geldmengenausweitung in Frankreich keine Verringerung des Angebotes an französischen Staatsschuldtiteln gegenübersteht, kann im Leitwährungsmodell auch der französische Zinssatz steigen. In diesem Fall kann Frankreich zwar seine Geldmenge erhöhen, aber damit nicht mehr eine eventuell beabsichtigte Zinssenkung erreichen. Die Anpassung der französischen Geldnachfrage an die gestiegene Geldmenge erfolgt dann allein durch die Abwertung. Dieser Fall ist also ausgeschlossen, wenn die Geldnachfrage nicht vom Wechselkurs abhängt.

Die Sterilisierungspolitik der deutschen Zentralbank vergrößert in jedem Fall den Umfang der erforderlichen Devisenmarktinterventionen. Es kann aber nicht allgemein gesagt werden, welchen Einfluß die Sterilisierung auf den Zinsunterschied hat, d.h. ob es im Leitwährungsmodell zu einer stärker divergenten Zinsentwicklung kommt als im Grundmodell. Bei einer expansiven Geldpolitik in Frankreich ist die Zinsdifferenz im Leitwährungsmodell größer als im Grundmodell, während der Zinsunterschied (absolut betrachtet) bei der betrachteten Portfolioumschichtung im Leitwährungsmodell kleiner ist als im Grundmodell. Auch auf die Stärke der Dollarkursänderung hat die Sterilisierungspolitik — je nach Ursache — unterschiedlichen Einfluß. Bei einer expansiven Geldpolitik in Frankreich wird die Abwertung gegenüber dem Dollar gedämpft, während die Aufwertung, die aus der gestiegenen Nachfrage nach deutschen Bonds resultiert, verstärkt wird.

Kapitel 3

Stabilitätspolitik in der Wechselkursunion

3.1 Einleitung

Die Frage nach den Auswirkungen der Fiskalpolitik eines Landes der Wechselkursunion hat neue Aktualität erhalten, seitdem in Deutschland die Staatsausgaben stark gestiegen sind, um die deutsche Einheit zu finanzieren. Die Partnerländer im Europäischen Währungssystem forderten jahrelang von der Bundesrepublik eine expansive Politik zur Ausweitung der Binnennachfrage, damit die deutsche Importnachfrage steigt und der Leistungsbilanzüberschuß abgebaut wird. Dagegen wird jetzt über die gestiegenen Zinsen und die damit einhergehende Aufwertung der D-Mark und der anderen EWS-Währungen gegenüber dem Dollar geklagt. Die Vorstellung von der Konjunkturlokomotive ist also der Befürchtung gewichen, daß von der expansiven Fiskalpolitik der Bundesrepublik kontraktive Auswirkungen auf die Partnerländer im EWS ausgehen.

In diesem Kapitel sollen die Auswirkungen von Geld- und Fiskalpolitik auf die Einkommen und die Preisniveaus in den Unionsländern untersucht werden. Dabei wird auch die Entwicklung des gemeinsamen Wechselkurses nach außen betrachtet, und es soll dessen Bedeutung für die Übertragung von Störungen zwischen den Unionsländern herausgearbeitet werden.

Das dazu verwendete Modell steht in der MUNDELL/FLEMING-Tradition; im Mittelpunkt der Analyse stehen also die Stromgrößen. Bestandsänderungen und Vermögenseffekte, die zum Beispiel aus Staatsdefiziten und Handelsbilanzsalden resultieren, werden nicht berücksichtigt. Das Modell beschreibt deshalb die kurze (bis mittlere) Frist[1] und ist für länger-

[1] Im Gegensatz zur sehr kurzen Frist des Portfoliomodells in Kapitel 2.

fristige Betrachtungen nicht geeignet. Eine weitere Einschränkung des Modells liegt darin, daß die Erwartungen über zukünftige Entwicklungen nicht berücksichtigt werden.

Besonderer Wert wird dagegen auf die Angebotsseite gelegt, wobei verschiedene Hypothesen über das Güterangebot in das Modell integriert sind. Es zeigt sich, daß unter den Annahmen des Modells die Geldpolitik relativ einfache Ergebnisse liefert, die wenig über die Resultate für ein kleines Land mit flexiblem Wechselkurs hinausgehen. Dafür ist die Analyse der Fiskalpolitik umso interessanter — aber auch komplexer —, da für die Wechselkursunion spezifische Effekte auftreten, die aus der Kombination des festen Wechselkurses zwischen den Unionsländern und des flexiblen Wechselkurses nach außen resultieren. Der Schwerpunkt des Kapitels liegt auf der Darstellung der Auswirkungen der Fiskalpolitik in Abhängigkeit von den verschiedenen Annahmen über die Angebotsseite. Dabei werden wiederum die Ergebnisse in einem Grundmodell mit symmetrischem Interventionsmechanismus und im Leitwährungsmodell, in dem ein Unionsland endogene Geldmengenänderungen durch entgegengesetzte Geldpolitik sterilisiert, verglichen.

Einordnung in die Literatur

a) Modelle mit exogen gegebenem Preisniveau

Die traditionellen Ergebnisse über die Effizienz von Geld- und Fiskalpolitik in offenen Volkswirtschaften sind in den Arbeiten von MUNDELL (1963,1964) und FLEMING (1962) enthalten.

Wird vollkommene Kapitalmobilität angenommen, ist im MUNDELL-FLEMING-Modell eines kleinen Landes mit flexiblem Wechselkurs das Sozialprodukt durch die exogen gegebene Geldmenge festgelegt. Eine Geldmengenerhöhung führt zu einer Abwertung und läßt das Einkommen steigen. Eine Erhöhung der Güternachfrage verändert das Einkommen dagegen nicht, sondern führt zu einer so starken Aufwertung, daß in gleichem Ausmaß Nachfrage ins Ausland verdrängt wird. Die Fiskalpolitik ist also vollkommen ineffizient und das kleine Land ist gegen Exportnachfrageschocks abgeschirmt.

LEVIN (1983) und ROSE/SAUERNHEIMER (1983) übertragen dieses keynesianische Fixpreismodell auf eine Wechselkursunion, die aus zwei Ländern, die gemeinsam klein gegenüber dem Rest der Welt sind, besteht. Das Geldmarktgleichgewicht erfordert nicht mehr die Konstanz der Einkommen in beiden Unionsländern, aber es folgt, daß bei gegebener Gesamtgeldmenge und exogen gegebenem Zinssatz das Einkommen in einem Land nur steigen kann, wenn es im anderen sinkt. Für das einzelne Unionsland ist es möglich, sein Sozialprodukt durch expansive Fiskalpolitik zu erhöhen, dabei fällt aber das Einkommen im Partnerland. Den Transmissionsriemen bildet dabei der gemeinsame Wechselkurs nach außen. Zwar steigt die Importnachfrage des expandierenden Landes, im Partnerland muß aber der kontraktive Effekt der Aufwertung überwiegen. Eine Geldmengenerhöhung in einem Unionsland läßt dagegen die Einkommen in beiden Ländern steigen.

Demgegenüber kann es im Zwei-Länder-Modell von MUNDELL (1964) mit festen Wechselkursen bei Fiskalpolitik zu positiver oder zu negativer Konjunkturübertragung kommen. Bei expansiver Fiskalpolitik eines großen Landes steigt der Weltzinssatz. Im zweiten Land steht jetzt der höheren Exportnachfrage der kontraktive Effekt der Zinserhöhung gegenüber, und es ist unklar, welcher Effekt überwiegt. Wenn der Zinssatz nur wenig Einfluß auf die Güternachfrage hat, steigt das Einkommen in beiden Ländern. Das Geldmarktgleichgewicht ist mit steigenden Einkommen in beiden Ländern vereinbar, da der gestiegene Zinssatz die Geldnachfrage zurückdrängt.

ROSE/SAUERNHEIMER (1983) kommen zum analogen Ergebnis unbestimmter Konjunkturübertragung in der Wechselkursunion, wenn sie statt des exogen gegebenen Zinssatzes die ungedeckte Zinsparität und stabilisierende Wechselkurserwartungen annehmen, so daß sich der Zinssatz in den Unionsländern vom Zinssatz im Rest der Welt lösen kann.

b) Modelle mit spezifiziertem gesamtwirtschaftlichem Angebot

Bevor auf die Modelle einer Wechselkursunion eingegangen wird, die die Angebotsseite miteinbeziehen, sei zunächst wieder ein kleines Land mit flexiblem Wechselkurs betrachtet.

CASAS (1975) hat gezeigt, daß auch bei exogen gegebenem Zinssatz die Fiskalpolitik in einem kleinen Land das Sozialprodukt erhöht, wenn von der Annahme des konstanten Nominallohnes abgewichen und stattdessen Lohnindexierung betrachtet wird. Die von der Fiskalpolitik verursachte Aufwertung verbilligt die Importgüter und läßt somit den Nominallohn und das Preisniveau sinken. Dadurch erhöht sich die reale Geldmenge und das Sozialprodukt kann steigen. Dagegen verliert die Geldpolitik an Wirksamkeit; bei vollständiger Lohnindexierung ist sie vollkommen ineffizient. Diese Ergebnisse stehen im Gegensatz zum MUNDELL-FLEMING-Modell mit exogenem Preisniveau, in dem die Fiskalpolitik völlig ineffizient und die Geldpolitik sehr wirksam ist.

Das Fixpreismodell einer Wechselkursunion von LEVIN (1983) wird in SAUERNHEIMER (1984), MOUTOS/SCARTH (1988) und FEUERSTEIN/SIEBKE (1988 bzw. 1990) um die Angebotsseite erweitert. Die Annahmen LEVINs, daß vollkommene Kapitalmobilität herrscht und daß Devisenmarktinterventionen zur Verteidigung des festen Wechselkurses entgegengesetzte Geldmengenwirkungen in den Unionsländern haben, werden dabei übernommen. Besondere Aufmerksamkeit wird in den genannten Arbeiten der Fiskalpolitik gewidmet, bei der es im Modell von LEVIN zu negativer Konjunkturübertragung zwischen den Ländern der Wechselkursunion kommen muß.

- In seinem Modell einer Wechselkursunion nimmt SAUERNHEIMER (1984) eine lineare Produktionsfunktion und „Mark-up-Pricing" an; die Nominallöhne sind aber am Konsumentenpreisindex indexiert. Bei expansiver Fiskalpolitik sinkt dann das Preisniveau und die reale Geldmenge steigt, so daß eine Einkommenserhöhung in beiden Unionsländern möglich ist. Im Fall vollständiger Lohnindexierung kommt es unter der Annahme einer linearen Produktionsfunktion bei Fiskalpolitik — im Gegensatz zum Ergebnis von LEVIN — stets zu einer positiven Konjunkturübertragung innerhalb der Wechselkursunion.

- Auch MOUTOS/SCARTH (1988) beziehen sich auf LEVINs (1983) Ergebnis der negativen Konjunkturübertragung in einer Wechselkursunion. Sie modellieren das gesamtwirtschaftliche Angebot mit einer Cobb-Douglas-Produktionsfunktion des Faktors Arbeit und nehmen vollständige Lohnindexierung an. Im Grenzfall der linearen Produktionsfunktion überschneidet sich ihr Modell mit dem von SAUERNHEIMER (1984), und sie kommen zum gleichen Ergebnis der positiven Konjunkturübertragung bei Fiskalpolitik. Bei abnehmender Grenzproduktivität der Arbeit, aus der ein endlich preiselastisches Güterangebot resultiert, ist eine gegenläufige Entwicklung der Einkommen aber wiederum möglich. Zur Herleitung ihrer Ergebnisse verwenden MOUTOS/SCARTH explizit und implizit eine Reihe von Symmetrieannahmen.

- FEUERSTEIN/SIEBKE (1988 bzw. 1990) nehmen auf der Angebotsseite ein endlich preiselastisches Angebot und Lohnindexierung, die vollständig oder unvollständig sein kann, an. Zur Vereinfachung der Rechnung und der Interpretation der Ergebnisse treffen sie weitgehende Symmetrieannahmen über die Unionsländer und übertragen die Methode von AOKI (1981) auf den betrachteten Modelltyp. Wie im Modell von MOUTOS/SCARTH (1988) ist unbestimmt, wie sich bei Fiskalpolitik in einem Land das Einkommen im Partnerland entwickelt; dabei kommt es umso eher zu positiver Konjunkturübertragung, je höher der Grad der Lohnindexierung ist.

  In ihrer Arbeit untersuchen FEUERSTEIN/SIEBKE (1988 bzw. 1990) noch eine Reihe weiterer Störungen wie etwa einen Angebotsschock oder eine Zinsänderung im Rest der Welt. In einer Variante ihres Modells wird die Annahme des exogen gegebenen Zinssatzes durch die ungedeckte Zinsparität ersetzt. Dadurch lockert sich die Bedingung des

Geldmarktgleichgewichtes, und einige Ergebnisse werden zusätzlich unbestimmt.

Die unterschiedlichen Ergebnisse der Modelle einer Wechselkursunion, die auf der Arbeit von LEVIN aufbauen, lassen sich auf die verschiedene Modellierung der Angebotsseite zurückführen. Die Annahmen können nach zwei Kriterien eingeteilt werden: erstens nach den Annahmen über die Produktionsfunktion — abnehmende oder konstante Grenzproduktivität der Arbeit — und zweitens nach den Annahmen über die Bestimmung des Nominallohnes, d.h. nach dem Grad der Lohnindexierung.

Für das Modell dieses Kapitels soll eine allgemeine Darstellung der Angebotsseite entwickelt werden, die die genannten Fälle abdeckt und in der die beiden Unterscheidungsmerkmale jeweils einem Parameter zugeordnet werden. So können die Ergebnisse für die verschiedenen Annahmen einheitlich hergeleitet, eingeordnet und verglichen werden. In diesem gemeinsamen Rahmen sollen auch die Auswirkungen der Sterilisierungspolitik eines Unionslandes im Leitwährungsmodell betrachtet werden.

Es gibt eine Reihe von Arbeiten mit Modellen offener Vollswirtschaften, in denen das gesamtwirtschaftliche Güterangebot in Abhängigkeit vom Grad der Lohnindexierung spezifiziert ist, wie zum Beispiel SACHS (1980), ARGY/SALOP (1983), MARSTON (1984). Eine Beschreibung, die zusätzlich nach den Eigenschaften der Produktionsfunktion unterscheidet, findet sich in der Literatur jedoch nicht. Ein wichtiger Grund dafür ist sicher, daß bei der Betrachtung eines kleinen Landes die qualitativen Ergebnisse nicht von den Annahmen über die Produktionsfunktion abhängen. Für die Konjunkturübertragung in der Wechselkursunion ist aber sowohl die Lohnbildung als auch die Form der Produktionsfunktion von Bedeutung.

Die Grenzfälle konstanter Nominallöhne, konstanter Reallöhne bzw. konstanter Grenzproduktivität der Arbeit werden dabei natürlich komplizierter als notwendig behandelt. Durch die einheitliche Darstellung beleuchten aber die Ergebnisse der Grenzfälle die vielfach unbestimmten Resultate des allgemeineren Falles eines endlich preiselastischen Güterangebotes bei Lohnindexierung. Umgekehrt wird deutlich, von welchen Annahmen die Ergebnisse der einfacheren Fälle abhängen.

3.2 Das Modell

3.2.1 Grundzüge

Die Wechselkursunion bestehe aus zwei Ländern, die zur sprachlichen Vereinfachung Deutschland und Frankreich genannt werden. Sie werden mit den

Indizes 1 bzw. 2 bezeichnet; Größen aus dem Rest der Welt tragen den Index *. Jedes Land produziere ein spezifisches, handelbares Gut. Die Länder der Wechselkursunion seien gemeinsam klein; im Zusammenhang dieses Modells heißt das, daß sie keinen Einfluß auf das Einkommen Y^*, das Preisniveau P^* und den Zinssatz i^* im Rest der Welt haben. Diese Größen sind deshalb im betrachteten Modell der Wechselkursunion exogen gegeben.

Es wird vollkommene Kapitalmobilität angenommen, d.h. daß festverzinsliche Wertpapiere aus allen drei Ländern vollkommene Substitute sind und daß die Anpassung auf den Finanzmärkten so schnell erfolgt, daß sich diese stets im Gleichgewicht befinden. Zusammen mit der Annahme statischer Wechselkurserwartungen folgt dann, daß sich die Zinssätze in den Ländern der Wechselkursunion nicht vom exogen gegebenen Auslandszinssatz lösen können:[2]

$$i = i^* = i^1 = i^2$$

Der feste Wechselkurs zwischen den Währungen der Unionsländer wird auf Eins normiert, so daß es nur einen gemeinsamen Wechselkurs e gegenüber dem Rest der Welt, dessen Währung Dollar genannt wird, gibt. Zusätzlich werden im Ausgangsgleichgewicht alle Preisniveaus und der Dollarwechselkurs auf Eins normiert; somit geben Änderungen dieser Größen gleichzeitig relative Änderungen an.

Jedes Land der Wechselkursunion wird durch die Güternachfrage, den Geldmarkt und das Angebotsverhalten beschrieben. Die Gleichungen und die Symbole sind in Tabelle 3.1 (S.60) zusammengestellt. Die Vorzeichen der ersten partiellen Ableitungen der Verhaltensfunktionen sind in den Gleichungen oberhalb der Argumente angegeben.

3.2.2 Gesamtwirtschaftliche Nachfrage

Die Nachfrage nach Gütern setzt sich für jedes Land aus der privaten Absorption A, der Staatsnachfrage G und dem Handelsbilanzsaldo T zusammen. Es werden die üblichen Verhaltensannahmen getroffen; insbesondere wird

[2]Von Erwartungen über die zukünftige Entwicklung des Wechselkurses wird also abgesehen. Die oben zitierten Arbeiten von ROSE/SAUERNHEIMER (1983) und FEUERSTEIN/SIEBKE (1990) zeigen, daß schon im dem einfachen Fall, in dem der exogen gegebene Zinssatz durch die ungedeckte Zinsparität ersetzt wird, viele Ergebnisse zusätzlich unbestimmt werden. Da sich die vorliegende Untersuchung auf die Bedeutung des gemeinsamen Wechselkurses nach außen und auf den Vergleich zwischen dem Grund- und dem Leitwährungsmodell in Verbindung mit den unterschiedlichen Hypothesen über das Güterangebot konzentriert, wird zur Vereinfachung und zur Verdeutlichung der Ergebnisse ein exogen gegebener Zinssatz angenommen.

Normalreaktion der Handelsbilanzen auf Änderungen der relativen Preise zwischen heimischen und importierten Gütern angenommen. Die deutsche Handelsbilanz verschlechtert sich also, wenn die relativen Preise P^1/P^2 und P^1/eP^* steigen, analog reagiert die französische Handelsbilanz auf P^2/P^1 und P^2/eP^*. Abkürzend wird $s_1 = 1 - A^1_{Y^1}$ für die marginale Sparquote in Deutschland, $m_1 = -T^1_{Y^1}$ für die deutsche marginale Importnachfrage und $m_{21} = T^1_{Y^2}$ für die französische marginale Importnachfrage nach deutschen Gütern geschrieben.

Bei Freiheit von Geldillusion hängt die reale Geldnachfrage L jeweils positiv vom Einkommen Y und negativ vom Zinssatz i ab; die nominale Geldnachfrage wird aus der realen durch Multiplikation mit dem Preisniveau für heimische Güter P berechnet.[3]

Die Zentralbanken in den Unionsländern sind zur Verteidigung des festen Wechselkurses zu Interventionen auf dem Mark/Franc-Markt verpflichtet, so daß die Geldmengen nicht unabhängig voneinander gesteuert werden können. $\widetilde{M}^1$ und $\widetilde{M}^2$ bezeichnen den von der jeweiligen Zentralbank kontrollierbaren Teil des Geldangebotes, der der inländischen Entstehungskomponente entspricht. Es wird angenommen, daß die Zentralbanken keine Dollarwährungsreserven besitzen.

Die deutsche Zentralbank halte ihre Franc-Reserven als Guthaben bei der französischen Zentralbank und umgekehrt, so daß bei Interventionen auf dem Mark/Franc-Markt gegenläufige Geldangebotseffekte in beiden Unionsländern entstehen und die Gesamtgeldmenge in der Wechselkursunion konstant bleibt. Da von Dollarwährungsreserven abgesehen wird, entspricht die aus Interventionen resultierende Nettoforderung R der deutschen an die französische Zentralbank den deutschen Währungsreserven, die somit endogene Komponente des Geldangebotes sind. Analog sind die französischen Währungsreserven $-R$ endogener Teil des französischen Geldangebotes.[4]

Im Grundmodell wird angenommen, daß die Zentralbanken endogene Geldmengenänderungen nicht sterilisieren, so daß die Politik der Zentralbanken die Gesamtgeldmenge in der Wechselkursunion bestimmt, während die Verteilung auf die beiden Länder im Modell endogen ist.

---

[3] Alternative Spezifizierungen der „Preisvariablen" und der „Transaktionsvariablen" in der Geldnachfrage in offenen Volkswirtschaften und die jeweiligen Auswirkungen auf die Ergebnisse für ein kleines Land werden in SAUERNHEIMER (1987) diskutiert.

[4] Eine ausführlichere Erläuterung der Nettoforderung R und des Geldangebotes findet sich in der Beschreibung des Portfoliomodells auf Seite 23.

Tabelle 3.1: Modellgleichungen

Güternachfrage:

$$Y^1 = A^1(\overset{+}{Y^1},\overset{-}{i}) + G^1 + T^1(\overset{-}{Y^1},\overset{+}{Y^2},\overset{+}{Y^*},\overset{-}{\frac{P^1}{P^2}},\overset{-}{\frac{P^1}{eP^*}})$$

$$Y^2 = A^2(\overset{+}{Y^2},\overset{-}{i}) + G^2 + T^2(\overset{-}{Y^2},\overset{+}{Y^1},\overset{+}{Y^*},\overset{-}{\frac{P^2}{P^1}},\overset{-}{\frac{P^2}{eP^*}})$$

Geldmärkte:

$$\widetilde{M}^1 + R = P^1 L^1(\overset{+}{Y^1},\overset{-}{i})$$

$$\widetilde{M}^2 - R = P^2 L^2(\overset{+}{Y^2},\overset{-}{i})$$

Gesamtwirtschaftliches Angebot:

Produktionsfunktion:

$Y^1 = Q^1(N^1)$, $\quad Y^2 = Q^2(N^2)$,

$Q^1_N > 0, \; Q^1_{NN} \leq 0 \quad Q^2_N > 0, \; Q^2_{NN} \leq 0$

Entlohnung nach der Grenzproduktivität:

$$\omega^1(Q^1) = Q^1_N(N^1(Q^1)) = \frac{l^1}{P^1} \qquad \omega^2(Q^2) = Q^2_N(N^2(Q^2)) = \frac{l^2}{P^2}$$

Lohnindexierung:

$$l^1 = \bar{l}^1 \cdot (I^1)^{b_1}, \quad 0 \leq b_1 \leq 1 \qquad l^2 = \bar{l}^2 \cdot (I^2)^{b_2}, \quad 0 \leq b_2 \leq 1$$

Konsumentenpreisindex:

$$I^1 = (P^1)^{\mu_1}(P^2)^{\nu_1}(eP^*)^{\eta_1} \qquad I^2 = (P^2)^{\mu_2}(P^1)^{\nu_2}(eP^*)^{\eta_2}$$

$$\mu_1 + \nu_1 + \eta_1 = 1 \qquad \mu_2 + \nu_2 + \eta_2 = 1$$

Bezeichnungen:

Die Indizes 1, 2, und * bezeichnen Größen aus Deutschland, Frankreich bzw. dem Rest der Welt. Dabei bedeuten

Y: Sozialprodukt

A: private Absorption

i: Zinssatz

G: Staatsausgaben

T: Handelsbilanz

P: Preisniveau für inländische Güter

M: Geldangebot

$\widetilde{M}$: kontrollierbarer Teil des Geldangebotes

R: Nettoposition zwischen den Zentralbanken der Unionsländer

Q: Produktion

N: Beschäftigung

ω: Grenzproduktivität (als Funktion der Produktion)

l: Nominallohn

$\bar{l}$: vereinbarter Nominallohn

I: Konsumentenpreisindex

b: Grad der Lohnindexierung

μ: Anteil der inländischen Güter am Konsumgüterbündel

ν: Anteil der Güter aus dem Partnerland am Konsumgüterbündel

η: Anteil der Güter aus dem Rest der Welt am Konsumgüterbündel

$s_1 = 1 - A^1_{Y^1}$: Sparquote in Deutschland

$m_1 = -T^1_{Y^1}$: deutsche marginale Importnachfrage

$m_{21} = T^1_{Y^2}$: französische marginale Importnachfrage nach deutschen Gütern

3.2.3 Gesamtwirtschaftliches Angebot

Das gesamtwirtschaftliche Angebot wird nur für Deutschland erläutert, für Frankreich gilt jeweils die analoge Argumentation. Zur Vereinfachung der Lesbarkeit wird der Index 1 bei einigen Variablen, bei denen Mißverständnisse ausgeschlossen sind, nicht geschrieben.

Der Kapitalstock wird dem Zeithorizont des Modells entsprechend als konstant angenommen, und Arbeit sei der einzige variable Produktionsfaktor, so daß die gesamtwirtschaftliche Produktionsfunktion

$$Q^1 = Q^1(N^1) \qquad \text{mit} \qquad Q^1_N > 0 \tag{3.1}$$

lautet. Dabei gilt

$$Q^1_{NN} \leq 0; \tag{3.2}$$

es kann also konstante oder sinkende Grenzproduktivität der Arbeit vorliegen.

In einer offenen Volkswirtschaft unterscheiden sich der Reallohn aus Unternehmer- und aus Arbeitnehmersicht (vergl. BENDER 1983). Die Unternehmer deflationieren den Nominallohnsatz l^1 mit dem Preis für deutsche Güter P^1, während die Arbeitnehmer ihren Reallohn mit Hilfe des Konsumentenpreisindizes I^1 berechnen, in den entsprechend den Anteilen am Konsum die Preisniveaus der Importgüter aus Frankreich und aus dem Rest der Welt eingehen:

$$I^1 = (P^1)^\mu (P^2)^\nu (eP^*)^\eta, \qquad \mu + \nu + \eta = 1. \tag{3.3}$$

Es wird angenommen, daß eine Präferenz für heimische Güter in dem Sinne besteht, daß der Anteil μ heimischer Güter am Konsumentengüterbündel größer ist als der Anteil ν von Gütern aus dem anderen Unionsland. Diese Annahme wird für die Herleitung der qualitativen Ergebnisse nicht gebraucht; sie geht aber in die Betrachtung, wie die Resultate vom Grad der Lohnindexierung b (siehe die folgende Gleichung 3.4) abhängen, ein.

Der Analyse liegt ein Kontraktlohnmodell[5] des Arbeitsmarktes mit Lohnindexierung, die sich auf den Konsumentenpreisindex bezieht, zugrunde. Vor der betrachteten Periode wird in Tarifverhandlungen ein Nominallohnsatz $\bar{l}^1$

[5] In einem Exkurs (S.70) wird später gezeigt werden, daß sich die Ergebnisse bei Annahme eines neoklassischen Arbeitsmarktes mit vollkommen flexiblem Lohnsatz qualitativ nicht vom Fall abnehmender Grenzproduktivität der Arbeit verbunden mit vollständiger Lohnindexierung unterscheiden.

und der Grad der Lohnindexierung b festgelegt; der tatsächliche Nominallohn beträgt

$$l^1 = \bar{l}^1 \cdot (I^1)^b, \qquad 0 \leq b \leq 1. \tag{3.4}$$

Für $b = 0$, liegt ein konstanter Nominallohn vor; bei $b = 1$ herrscht Reallohnrigidität; d.h. der Reallohn aus Arbeitnehmersicht ist konstant. Auch der vereinbarte Nominallohnsatz $\bar{l}^1$ sei im Ausgangsgleichgewicht auf Eins normiert.

Das Arbeitsangebot sei zu dem vereinbarten Lohnsatz vollkommen elastisch, so daß die Beschäftigung allein durch die Arbeitsnachfrage bestimmt wird. Diese Annahme läßt sich mit Unterbeschäftigung begründen; sie wird zur Vereinfachung aber auch häufig in Kontraktlohnmodellen getroffen, in denen von den Tarifparteien der Lohnsatz vereinbart wird, der bei zutreffenden Erwartungen dem Gleichgewicht auf dem Arbeitsmarkt entspricht (vergl. z.B. GRAY 1976, TURNOVSKY 1981, MARSTON 1984, SCHNEIDER 1990).

Im Unternehmenssektor wird gewinnmaximierendes Mengenanpasserverhalten angenommen, so daß die Arbeit nach der Grenzproduktivität entlohnt wird:

$$Q_N^1(N^1) = \frac{l^1}{P^1} \quad . \tag{3.5}$$

Im Fall abnehmender Grenzproduktivität der Arbeit bestimmt diese Gleichung die Beschäftigung und damit das gesamtwirtschaftliche Angebot in Abhängigkeit vom Reallohn. Bei konstanter Grenzproduktivität drückt sie dagegen aus, daß der Produzentenreallohn konstant sein muß, und die Gleichung kann nicht nach der Beschäftigung aufgelöst werden. Die übliche Form des gesamtwirtschaftlichen Angebotes als Funktion des inländischen Preisniveaus und eventuell der Preise für Importgüter eignet sich also nicht für die angestrebte einheitliche Darstellung aller betrachteten Fälle.

Um den Zusammenhang zwischen Produktion und Reallohn bzw. Preisen zu erhalten, wird stattdessen in Gleichung (3.5) die Umkehrfunktion der Produktionsfunktion $N^1 = N^1(Q^1)$ eingesetzt, so daß eine Gleichung der Form

$$\omega^1(Q^1) = Q_N^1(N^1(Q^1)) = \frac{l^1}{P^1} \tag{3.6}$$

entsteht, die zusammen mit der Gleichung (3.4) über die Nominallohnbildung und der Definition (3.3) des Konsumentenpreisindex die Angebotsseite beschreibt. Die Funktion ω^1 gibt die Grenzproduktivität der Arbeit in Abhängigkeit vom Output an.

Um das Ausgangsgleichgewicht linearisiert ergibt sich

$$\omega^1_{Q^1} dQ^1 = (\mu b - 1)\, dP^1 + \nu b\, dP^2 + \eta b\, de \quad . \tag{3.7}$$

Der Parameter

$$\omega^1_{Q^1} = \frac{Q^1_{NN}}{Q^1_N} \leq 0 \tag{3.8}$$

gibt dann an, wie sich die Grenzproduktivität bei steigendem Output verändert, d.h. um wieviel der Produzentenreallohn für eine gegebene Angebotserhöhung sinken muß. Der Fall abnehmender Grenzproduktivität entspricht dabei einem negativen $\omega^1_{Q^1}$, während bei konstanter Grenzproduktivität $\omega^1_{Q^1} = 0$ gilt.

Im folgenden werden die einzelnen, in dieser allgemeinen Darstellung enthaltenen Fälle interpretiert und die Konsequenzen der verschiedenen Hypothesen für die Angebotsseite beschrieben.

Abnehmende Grenzproduktivität

Bei abnehmender Grenzproduktivität[6] bestimmt die Gleichung (3.5)

$$Q^1_{N^1}(N^1) = \frac{l^1}{P^1}$$

die Beschäftigung; es werden soviele Arbeitnehmer eingestellt, bis die Grenzproduktivität gleich dem Reallohn aus Unternehmersicht ist.

Bei konstantem Nominallohn ($b = 0$) resultiert hieraus ein gesamtwirtschaftliches Angebot, das nur vom inländischen Preisniveau abhängt und sich nicht von einer Angebotsfunktion für eine geschlossene Volkswirtschaft unterscheidet

$$Y^1 = Q^1(P^1), \qquad Q^1_{P^1} > 0. \tag{3.9}$$

Sobald aber der Nominallohn auf Änderungen des Konsumentenpreisindex reagiert, hängt das Angebot negativ von den Preisen für Importgüter ab

$$Q^1 = Q^1(P^1, P^2, eP^*), \qquad Q^1_{P^1} > 0,\ Q^1_{P^2} < 0,\ Q^1_e < 0 \quad . \tag{3.10}$$

[6] Die Angebotsfunktion für ein kleines Land bei abnehmender Grenzproduktivität und unterschiedlichen Annahmen über die Lohnindexierung wird in BENDER (1983) erläutert.

Erhöht sich etwa der Preis für Güter aus dem Rest der Welt durch eine Abwertung, so erhöht sich der Konsumentenpreisindex; infolge der Lohnindexierung steigt dann der Nominallohn und somit der Produzentenreallohn, so daß das gesamtwirtschaftliche Angebot zurückgeht.

Bei vollständiger Lohnindexierung, d.h. wenn $b = 1$ ist, gilt für den Reallohn

$$\frac{l^1}{P^1} = \bar{l}^1 \frac{I^1}{P^1} = \bar{l}^1 \left(\frac{P^1}{P^2}\right)^{-\nu} \left(\frac{P^1}{eP^*}\right)^{-\eta} , \tag{3.11}$$

so daß das gesamtwirtschaftliche Angebot nur von den relativen Preisen P^1/P^2 und P^1/eP^* abhängt:

$$Q^1 = Q^1\left(\frac{P^1}{P^2}, \frac{P^1}{eP^*}\right) \quad . \tag{3.12}$$

Das Güterangebot ist dann homogen vom Grade Null in den absoluten Preisen. Wenn die Preisniveaus in Deutschland und in Frankreich und der Wechselkurs in gleichem Ausmaß steigen, wird der Nominallohn proportional erhöht, so daß der Produzentenreallohn und das Angebot konstant bleiben. Bei unvollständiger Lohnindexierung dagegen ($0 < b < 1$) steigt der Nominallohn bei einer gleichmäßigen Erhöhung der Preise nur unterproportional, so daß das Angebot ausgeweitet wird. Dabei sinkt der Reallohn sowohl aus Arbeitnehmer- als auch aus Unternehmersicht.

Konstante Grenzproduktivität

Wenn sich die Volkswirtschaft in einem Bereich konstanter Grenzproduktivität der Arbeit befindet, ist das gesamtwirtschaftliche Angebot vollkommen preiselastisch, d.h. das Preisniveau hängt nicht von der produzierten Menge ab. Die Gleichung (3.5)

$$Q^1_N(N^1) = \frac{l^1}{P^1}$$

läßt sich dann nicht mehr nach dem gesamtwirtschaftlichen Angebot auflösen, sondern bestimmt das Preisniveau, zu dem das Güterangebot vollkommen elastisch ist durch die Bedingung, daß der Produzentenreallohn konstant bleibt.

Bei konstantem Nominallohn ($b = 0$) ist dann das Preisniveau exogen gegeben, während im Fall von Lohnindexierung ($0 < b \leq 1$) das deutsche Preisniveau von den Preisen für Importgüter, P^2 und eP^*, abhängt.

Für die folgenden Überlegungen sei angenommen, daß das Güterangebot auch in Frankreich vollkommen preiselastisch ist.[7]

[7] Die Rechnungen zu diesem Abschnitt finden sich in Anhang B.1.

Wenn in beiden Unionsländern die Nominallöhne konstant und damit die Preisniveaus exogen sind, entspricht das Modell den Fixpreisansätzen von LEVIN (1983) und ROSE/SAUERNHEIMER (1983). Das Modell läßt sich dann auf die Gleichungen über die Güternachfrage und die Geldmärkte (siehe Tabelle 3.1), in die für P^1 und P^2 jeweils Eins eingesetzt wird, reduzieren. Änderungen des Wechselkurses bewirken in gleichem Ausmaß Änderungen der relativen Preise zwischen Gütern aus den Ländern der Wechselkursunion und aus dem Rest der Welt. Bei einer Abwertung sinkt der Reallohn aus Arbeitnehmersicht, während er bei einer Aufwertung steigt.

Bei beweglichem Nominallohn sind dagegen das deutsche und das französische Preisniveau eine Funktion der Preise für Importgüter:

$$P^1 = P^1(P^2, eP^*), \qquad P^1_{P^2} > 0, \quad P^1_e > 0$$

$$P^2 = P^2(P^1, eP^*), \qquad P^1_{P^2} > 0, \quad P^1_e > 0 \quad .$$

Aus diesen beiden Beziehungen lassen sich die Preisniveaus als Funktion des Wechselkurses[8]

$$P^1 = P^1(e) \qquad \text{bzw.} \qquad P^2 = P^2(e) \qquad 0 < P^1_e, P^2_e \leq 1$$

bestimmen.[9]

Bei vollständiger Lohnindexierung in beiden Ländern folgt, daß sich das deutsche und das französische Preisniveau stets proportional zum Wechselkurs verändern. Bei einer Abwertung erhöhen sich die Konsumentenpreisindizes in den Unionsländern, so daß die Nominallöhne und damit die Preisniveaus steigen. Ein konstanter Reallohn aus Unternehmer- und aus Arbeitnehmersicht (weil $\omega^1_{Q^1} = 0$ und $b = 1$) in beiden Ländern impliziert dabei die gleiche Entwicklung der Preise für Güter aus allen drei Ländern. In diesem Fall können sich weder der relative Preis zwischen deutschen und französischen Gütern P^1/P^2 noch die relativen Preise zwischen Gütern aus der Wechselkursunion und dem Rest der Welt, P^1/eP^* bzw. P^2/eP^* verändern, so daß es keine Relativpreiseffekte in den Handelsbilanzen gibt. Die Gleichungen über die Güternachfrage (siehe Tabelle 3.1 S.60) bestimmen dann unter der Bedingung der Angebotsseite

$$P^1 = P^2 = e$$

[8]Diese Darstellung verwendet SAUERNHEIMER (1984).

[9]Es sei daran erinnert, daß P^1, P^2,P^* und e im Ausgangsgleichgewicht auf Eins normiert sind.

die Sozialprodukte Y^1 und Y^2, und aus den Gleichungen für die Geldmärkte können anschließend die Preisniveaus und der Wechselkurs $P^1 = P^2 = e$ berechnet werden.

Auch bei unvollständiger Lohnindexierung ($0 < b < 1$) steigen die Preisniveaus, zu denen das Angebot vollkommen elastisch ist, bei einer Abwertung, da die Nominallöhne steigen, und umgekehrt; sie reagieren aber unterproportional, so daß die Güter aus den Unionsländern bei einer Abwertung relativ billiger bzw. bei einer Aufwertung relativ teurer werden. Unter Symmetrieannahmen über die Länder der Wechselkursunion, d.h. bei gleichem Grad der Lohnindexierung und bei analogen Anteilen der verschiedenen Güter im Konsumentenpreisindex, folgt auch bei unvollständiger Lohnindexierung, daß die Preisniveaus in den Ländern der Wechselkursunion stets gleich sind. Der relative Preis zwischen deutschen und französischen Gütern kann sich also nicht verändern.

Zusammenfassung

Dem gesamtwirtschaftlichen Angebot liegt ein Kontraktlohnmodell mit Lohnindexierung zugrunde. Es wird angenommen, daß die Beschäftigung von der Arbeitsnachfrage determiniert wird und daß die Entlohnung nach der Grenzproduktivität erfolgt. Das Angebotsverhalten hängt vom Grad der Lohnindexierung $0 \leq b \leq 1$ und von den Eigenschaften der Produktionsfunktion ab. Dabei wird zwischen abnehmender und konstanter Grenzproduktivität der Arbeit unterschieden; in der Rechnung kommt dies durch den Parameter $\omega^1_{Q^1} < 0$ bzw. $\omega^1_{Q^1} = 0$ zum Ausdruck.

Um alle betrachteten Fälle einheitlich beschreiben zu können, wird das Angebotsverhalten in der Form

$$\omega^1(Q^1) = \frac{l^1}{P^1} = \frac{\bar{l}^1 \cdot (I^1)^b}{P^1}$$

bzw.

$$\omega^1_{Q^1} dQ^1 = (\mu b - 1)\, dP^1 + \nu b\, dP^2 + \eta b\, de$$

(Gleichung 3.6 bzw. 3.7) beschrieben. Die Gleichungen, die das gesamtwirtschaftliche Angebot in den verschiedenen Fällen charakterisieren, sind in Tabelle 3.2 auf Seite 68 zusammengestellt.

Zur Veranschaulichung soll kurz erläutert werden, wie in den verschiedenen Fällen das deutsche Güterangebot in einem P^1-Y^1-Diagramm dargestellt werden kann.

Tabelle 3.2: Gesamtwirtschaftliches Angebot

In der Tabelle sind die Gleichungen, die das gesamtwirtschaftliche Angebot in den einzelnen Fällen charakterisieren, zusammengestellt.

	konstante Grenzproduktivität $\omega^1_{Q^1} = 0$	abnehmende Grenzproduktivität $\omega^1_{Q^1} < 0$
konstanter Nominallohn $b = 0$	$P^1 = \bar{P}^1 = 1$	$Y^1 = Q^1(\overset{+}{P^1})$
unvollständige Lohnindexierung $0 < b < 1$	$P^1 = P^1(\overset{+}{P^2}, \overset{+}{e})$ Unter Symmetrie: $P^1 = P^1(e) = P^2(e)$ $0 < P^1_e = P^2_e < 1$	$Y^1 = Q^1(\overset{+}{P^1}, \overset{-}{P^2}, \overset{-}{eP^*})$
vollständige Lohnindexierung $b = 1$	$P^1 = P^1(\overset{+}{P^2}, \overset{+}{e})$ Unter Symmetrie: $P^1 = P^2 = e$	$Y^1 = Q^1\left(\overset{+}{\frac{P^1}{P^2}}, \overset{+}{\frac{P^1}{eP^*}}\right)$

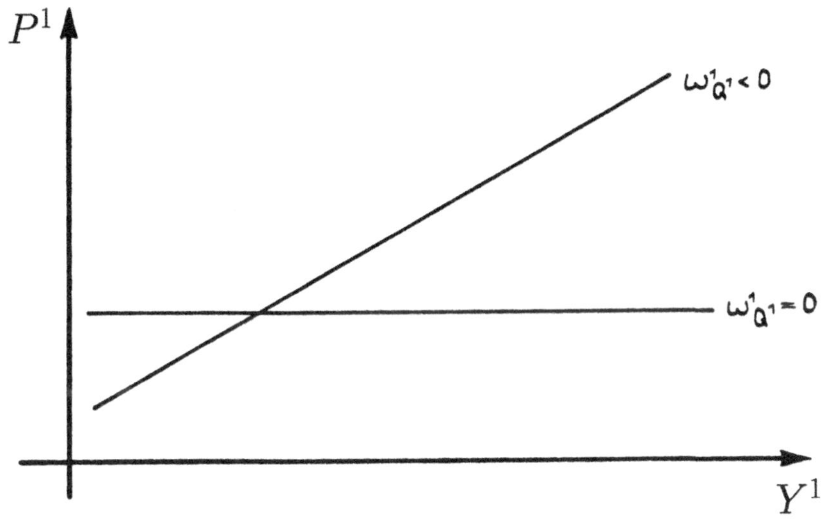

Abbildung 3.1: Gesamtwirtschaftliche Angebotskurve
Bei konstantem Nominallohn ist die Lage unabhängig von den Importpreisen

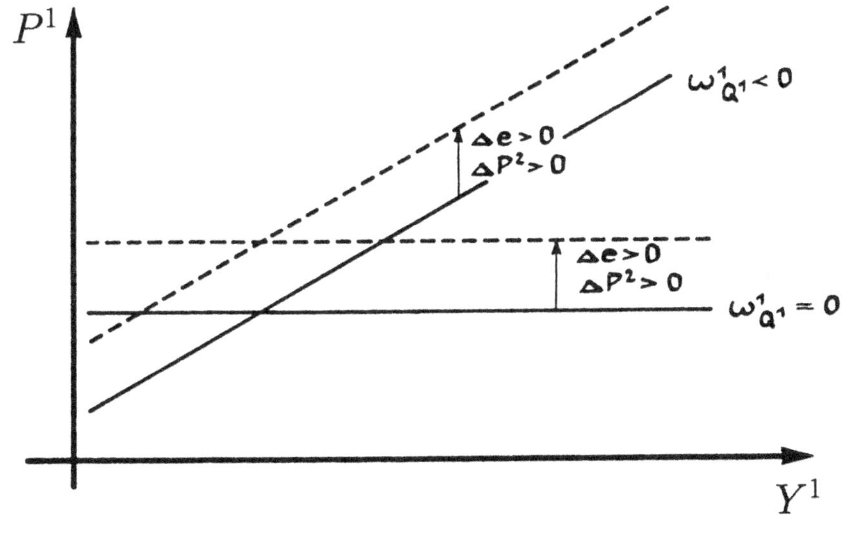

Abbildung 3.2: Gesamtwirtschaftliche Angebotskurve
Bei Lohnindexierung sind P^2 und e endogene Lageparameter

Bei konstanter Grenzproduktivität der Arbeit ($\omega^1_{Q^1} = 0$) liegt ein vollkommen preiselastisches Güterangebot, also eine horizontale Angebotskurve vor, während bei abnehmender Grenzproduktivität ($\omega^1_{Q^1} \leq 0$) die Angebotskurve eine positive Steigung hat. In Abbildung 3.1 und 3.2 sind jeweils entsprechende Kurven eingezeichnet.

Bei konstantem Nominallohn ($b = 0$) ist die Lage der Angebotskurve fest, sie verändert sich nur bei einem exogenen Angebotsschock (Abbildung 3.1). Dagegen verschieben sich im Fall von Lohnindexierung ($b > 0$) die Angebotskurven bei einer Erhöhung der Preise für Importgüter, P^2 und eP^*, nach oben (Abbildung 3.2), weil mit steigenden Importpreisen die Nominallöhne steigen, so daß eine gegebene Outputmenge nur zu einem höheren Preisniveau angeboten wird. Das französische Preisniveau P^2 und der Wechselkurs e sind dann endogene Lageparameter der Angebotskurve.

Exkurs

Im vorliegenden Modellzusammenhang sind — neben dem dargestellten Kontraktlohnmodell — die beiden wichtigsten, in der Literatur verbreiteten Alternativen zur Modellierung der Angebotsseite das „Mark–up–Pricing“ und die Annahme eines neoklassischen Arbeitsmarktes. In diesem Exkurs soll dargelegt werden, daß diese beiden Ansätze in ihren qualitativen Ergebnissen vom beschriebenen Modell abgedeckt werden. Dabei wird jeweils gezeigt, wie die Angebotsseite analog zur hier gewählten Form (Gleichung 3.6) beschrieben werden kann, und welchem der oben dargestellten Fälle sie entspricht.

Mark–up–Pricing Eine Möglichkeit, die Angebotsseite zu modellieren, ist, konstante Durchschnittsproduktivität[10] der Arbeit Q^1/N^1 (die konstante Grenzproduktivität impliziert) verbunden mit „Mark-up-Pricing“ anzunehmen, wie es zum Beispiel SAUERNHEIMER (1984) in seinem Modell einer Wechselkursunion tut. Die Preisbildung erfolgt durch einen konstanten Aufschlag m auf die Lohnstückkosten, der die Kapitalkosten und den branchenüblichen Gewinn abdeckt:

$$P^1 = (1+m)\frac{l^1 N^1}{Q^1} \quad .$$

Durch einfache Umformung ergibt sich

$$\frac{l^1}{P^1} = (1+m)^{-1}\frac{Q^1}{N^1} \quad ; \tag{3.13}$$

[10] Die Annahme lautet, daß die Durchschnittsproduktivität der Arbeit sich nicht ändert, wenn bei gegebenem Kapitalstock und gegebenem technischem Wissen die Beschäftigung kurzfristig variiert. Es wird nicht behauptet, daß die Arbeitsproduktivität langfristig konstant ist.

es gilt also die Bedingung des konstanten Unternehmerreallohns und die Angebotsseite läßt sich in Form der Gleichung

$$f^1(Q^1) = \frac{l^1}{P^1} \qquad \text{mit} \qquad f^1_{Q^1} = 0 \tag{3.14}$$

darstellen. Die Ergebnisse entsprechen somit dem oben beschriebenen Fall, in dem konstante Grenzproduktivität der Arbeit ($\omega^1_Q = 0$) in Verbindung mit der Entlohnung nach der Grenzproduktivität angenommen wird. Die Angebotsgleichung beruht beim Mark–up–Pricing aber auf einer anderen Vorstellung, insbesondere kann Mark–up–Pricing nicht als Grenzfall der Betrachtung abnehmender Grenzproduktivität der Arbeit interpretiert werden, da der Reallohn niedriger ist als die Grenzproduktivität.

Neoklassischer Arbeitsmarkt Bei einem vollkommen flexiblen Nominallohn, der auf dem Arbeitsmarkt stets zum Ausgleich von Angebot und Nachfrage führt, entsprechen die qualitativen Ergebnisse den Resultaten bei vollständiger Lohnindexierung verbunden mit abnehmender Grenzproduktivität der Arbeit im Kontraktlohnmodell.[11]

Die Arbeitsnachfrage wird durch Gleichung (3.5)

$$Q^1_N(N^1) = \frac{l^1}{P^1} \qquad \text{bzw.} \qquad l^1 = P^1 Q^1_N(N^1)$$

bestimmt, während das Arbeitsangebot N^1_s vom Reallohn aus Arbeitnehmersicht abhängt

$$N^1_s = N^1_s(\frac{l^1}{I^1}) \qquad \text{mit} \qquad \frac{\partial N^1_s}{\partial\left(\frac{l^1}{I^1}\right)} > 0.$$

Die Umkehrfunktion der Arbeitsangebotsfunktion werde mit s^1 bezeichnet; so daß

$$l^1 = I^1 \, s^1(N^1) \quad \text{mit} \quad s^1_N > 0\,;$$

und im Ausgangsgleichgewicht seien alle Preisniveaus und der Nominallohn auf Eins normiert.

Arbeitsmarktgleichgewicht impliziert dann

$$\frac{Q^1_N(N^1)}{s^1(N^1)} = \frac{I^1}{P^1}.$$

[11]Für ein kleines Land ist das entsprechende Ergebnis in BENDER (1983) enthalten.

Unter Berücksichtigung der Produktionsfunktion folgt

$$g^1(Q^1) = \frac{I^1}{P^1} \qquad \text{mit} \quad g^1_{Q^1} = \frac{Q^1_{NN} - s^1_N}{Q^1_N}.$$

Diese Gleichung bestimmt die Beschäftigung als Funktion des Verhältnisses zwischen dem Konsumentenpreisindex und dem Preisniveau für inländische Güter. Das Güterangebot in Deutschland hängt also wie bei vollständiger Lohnindexierung ($b = 1$) und abnehmender Grenzproduktivität ($\omega^1_{Q^1} < 0$) von den relativen Preisen P^1/P^2 und P^1/eP^* ab[12]; es reagiert aber schwächer auf eine Änderung von I^1/P^1. Angenommen, der Konsumentenpreisindex I^1 sinkt bei gleichbleibendem Preisniveau P^1 für deutsche Güter. Bei vollständiger Lohnindexierung sinkt der Nominallohn und damit der Produzentenreallohn proportional zu I^1. Im neoklassischen Arbeitsmarkt sinkt der Nominallohn weniger stark, da ein Teil der Terms-of-Trade Verbesserung in eine Erhöhung des Arbeitnehmerreallohnes umgesetzt wird, und das Güterangebot wird nicht so stark ausgeweitet. Formal ist dies daran zu sehen, daß $g^1_{Q^1}$ betragsmäßig größer ist als $\omega^1_{Q^1} = Q^1_{NN}/Q^1_N$.

3.2.4 Symmetrieannahmen und AOKI-Methode

Die sechs Gleichungen des Modells — die Gleichgewichtsbedingungen auf den Güter- und Geldmärkten und das Angebotsverhalten in Deutschland und in Frankreich — bestimmen die sechs endogenen Variablen, die Einkommen Y^1 und Y^2, die Preisniveaus P^1 und P^2, den gemeinsamen Dollarwechselkurs e und die Währungsreserven R.

Ein System mit sechs Gleichungen und sechs Variablen ist aber nicht mehr handhabbar, und die komparativ-statische Analyse läßt sich ohne vereinfachende Annahmen nicht sinnvoll durchführen.[13] Natürlich können mit großem Aufwand die interessierenden Multiplikatoren ausgerechnet werden, die Ergebnisse sind aber nicht mehr interpretierbar. Zur deshalb notwendigen Vereinfachung der Rechnung und der Interpretation werden weitgehende Symmetrieannahmen über die beiden Unionsländer getroffen und die Methode von AOKI (1981) angewandt.

Es wird erstens angenommen, daß ein symmetrisches Ausgangsgleichgewicht vorliegt, d.h. die Einkommen und die Geldmengen in beiden Ländern

[12] Vergl. Gleichung (3.11) S.65.

[13] Durch Zusammenfassen der beiden Geldmärkte zum gemeinsamen Geldmarkt läßt sich das Grundmodell auf ein 5×5–System reduzieren (vergl. FEUERSTEIN/SIEBKE 1990); aber auch dieses wäre nicht handhabbar. Eine 5×5–Determinante hat bis zu $5! = 120$ Summanden. An den Ergebnissen würde sich durch die Betrachtung des Gesamtgeldmarktes und den damit verbundenen Verzicht auf die Bestimmung von R nichts ändern.

seien gleich und die Nettoposition zwischen den Zentralbanken sei ausgeglichen:

$$Y^1 = Y^2, \qquad M^1 = \widetilde{M}^1 = M^2 = \widetilde{M}^2, \qquad R = 0.$$

Hierbei gibt es keine Probleme mit verschiedenen Güter- oder Währungseinheiten, da per Annahme die Preisniveaus und der Wechselkurs zwischen der Mark und dem Franc auf Eins normiert sind.

Zweitens sei die Struktur der beiden Unionsländer in dem Sinne gleich, daß beide Länder symmetrisch auf Änderungen der endogenen Variablen reagieren. Für die Güternachfrage bedeutet dies, daß die private Absorption in beiden Ländern gleich auf Einkommensänderungen reagiert

$$A^1_{Y^1} = A^2_{Y^2},$$

und daß die Reaktion der Handelsbilanzen auf das inländische Einkommen und auf das Einkommen im Partnerland, auf das Preisniveau für heimische Güter und für Güter aus dem anderen Unionsland und auf den Wechselkurs symmetrisch ist:

$$T^1_{Y^1} = T^2_{Y^2}, \quad T^1_{Y^2} = T^2_{Y^1}, \quad T^1_{P^1} = T^2_{P^2}, \quad T^1_{P^2} = T^2_{P^1}, \quad T^1_e = T^2_e.$$

Analog seien auch die partiellen Ableitungen der Geldnachfrage nach den Einkommen gleich

$$L^1_{Y^1} = L^2_{Y^2}.$$

Schließlich wird Symmetrie im Angebotsverhalten angenommen; erstens sei die für eine Produktionsausweitung erforderliche Senkung des Produzentenreallohnes in Deutschland und in Frankreich gleich

$$\omega^1_{Q^1} = \omega^2_{Q^2},$$

und zweitens muß der Nominallohn symmetrisch auf Änderungen der Preisniveaus reagieren, d.h. der Grad der Lohnindexierung und die Anteile an Inlandsgütern, Gütern aus dem Partnerland und aus dem Rest der Welt sind jeweils gleich:

$$b_1 = b_2, \quad \mu_1 = \mu_2, \quad \nu_1 = \nu_2, \quad \eta_1 = \eta_2.$$

Da in diesem Fall Mißverständnisse ausgeschlossen sind, werden im folgenden der Einfachheit halber die Indizes an diesen vier Parametern fallengelassen.

Tabelle 3.3: Grundmodell

Gleichungssystem für die Wechselkursunion als Ganzes (Summenmodell) :

$$\begin{pmatrix} s_1 + m_1 - m_{21} & T_e^1 & -2T_e^1 \\ L_{Y^1}^1 & L^1 & 0 \\ -\omega_{Q^1}^1 & \mu b + \nu b - 1 & 2\eta b \end{pmatrix} \begin{pmatrix} dY^1 + dY^2 \\ dP^1 + dP^2 \\ de \end{pmatrix} = \begin{pmatrix} dG^1 + dG^2 \\ d\widetilde{M}^1 + d\widetilde{M}^2 \\ 0 \end{pmatrix}$$

Systemdeterminante

$$\Gamma_1 \;=\; 2L_{Y^1}^1 T_e^1 (1-b) \;+\; 2L^1[\eta b(s_1 + m_1 - m_{21}) - \omega_{Q^1}^1 T_e^1] \;>\; 0$$

Es gilt $\Gamma_1 > 0$ auch in den Grenzfällen $b = 0$, $b = 1$ bzw. $\omega_{Q^1}^1 = 0$.

Gleichungssystem über die Unterschiede zwischen den Unionsländern:

$$\begin{pmatrix} s_1 + m_1 + m_{21} & T_{P^1}^2 - T_{P^1}^1 & 0 \\ L_{Y^1}^1 & L^1 & -2 \\ \omega_{Q^1}^1 & 1 - \mu b + \nu b & 0 \end{pmatrix} \begin{pmatrix} dY^1 - dY^2 \\ dP^1 - dP^2 \\ dR \end{pmatrix} = \begin{pmatrix} dG^1 - dG^2 \\ d\widetilde{M}^1 - d\widetilde{M}^2 \\ 0 \end{pmatrix}$$

Systemdeterminante

$$\Gamma_2 \;=\; 2(s_1 + m_1 + m_{21})(1 - \mu b + \nu b) \;-\; 2\omega_{Q^1}^1 (T_{P_1}^2 - T_{P_1}^1) \;>\; 0$$

Unter den genannten Symmetrieannahmen läßt die Methode der Summen und Differenzen von AOKI das 6×6–System in zwei voneinander unabhängige 3×3–Gleichungssysteme zerfallen, mit deren Hilfe die komparativ statische Analyse durchgeführt wird. Sie sind in Tabelle 3.3 angegeben.[14]

Das eine Gleichungssystem beschreibt die Wechselkursunion als Ganzes: es werden das Gesamteinkommen in der Wechselkursunion, das durchschnittliche Preisniveau und der gemeinsame Wechselkurs gegenüber dem Dollar bestimmt. Aufgrund der Symmetrieannahmen ist es für diese aggregierten Größen unerheblich, in welchem Unionsland eine exogene Störung auftritt; sie hängen nur von exogenen Größen wie der Summe der Fiskalimpulse oder der Gesamtgeldmenge ab. Die Wechselkursunion als Ganzes verhält sich dabei wie ein kleines Land mit flexiblen Wechselkursen.

Im anderen Gleichungssystem werden dagegen die Unterschiede zwischen den Unionsländern beschrieben; es werden die Differenz der Einkommen, die Differenz der Preisniveaus und die Währungsreserven bzw. das erforderliche Interventionsvolumen berechnet, die wegen der angenommenen Symmetrie nur von exogenen Größen wie der Differenz der Fiskalimpulse oder der Differenz der kontrollierbaren Komponenten des jeweiligen Geldangebotes abhängen. Ausgehend von dem vollkommen symmetrischen Ausgangsgleichgewicht entstehen demnach Unterschiede zwischen den Unionsländern aufgrund von asymmetrisch wirkenden Schocks.

Statt also die Einkommen Y^1 und Y^2 und die Preisniveaus P^1 und P^2 direkt zu betrachten, wird zu den entsprechenden Summenvariablen $Y^1 + Y^2$ bzw. $P^1 + P^2$ und den Differenzenvariablen $Y^1 - Y^2$ bzw. $P^1 - P^2$ übergegangen. Auch dabei gibt es wegen der Normierung der Preisniveaus und des festen Wechselkurses zwischen Deutschland und Frankreich auf Eins keine Probleme mit den Währungs- und Gütereinheiten der verschiedenen Länder.

Das Gleichungssystem über die Wechselkursunion als Ganzes entsteht, indem die Summen sich entsprechender Modellgleichungen über Deutschland und Frankreich gebildet werden: Die Güternachfragen werden zur Gesamtnachfrage addiert, und die Geldmärkte in Deutschland und in Frankreich werden zum Gesamtgeldmarkt zusammengefaßt. Schließlich wird auch die Summe der Gleichungen über das Angebotsverhalten gebildet; die zusammengefaßte Gleichung gibt den Zusammenhang zwischen dem durchschnittlichen Produzentenreallohn und dem Gesamtangebot an. In der linearisierten Form dieser Gleichungen lassen sich dann unter Ausnutzung der Symmetrieannahmen die Terme so zusammenfassen, daß die Gleichungen $dY^1 + dY^2$, $dP^1 + dP^2$ und de bestimmen.

Analog werden die Differenzen der Gleichgewichtsbedingungen für den Gütermarkt, der Gleichgewichtsbedingungen für den Geldmarkt und der An-

[14] Die Stabilität des Modells wird im Anhang B.5 betrachtet.

gebotsgleichungen gebildet. Aus den entstehenden drei Gleichungen lassen sich — wiederum unter Berücksichtigung der Symmetrieannahmen — die Differenzenvariablen $dY^1 - Y^2$ und $dP^1 - dP^2$ und dR berechnen.

Die Veränderung $dY^1 + dY^2$ gibt die Entwicklung des Gesamteinkommens in der Wechselkursunion an. Da die Einkommen im Ausgangsgleichgewicht in beiden Unionsländern gleich sind, bezeichnet $dY^1 - Y^2$ die Differenz der Einkommen im neuen Gleichgewicht. Die Summe $dP^1 + dP^2$ beschreibt die Entwicklung des durchschnittlichen Preisniveaus; sie gibt jeweils das Doppelte der Veränderung des durchschnittlichen Preisniveaus an. Die Differenz $dP^1 - dP^2$ kann wegen der Normierung der Preisniveaus auf Eins als Veränderung des relativen Preises P^1/P^2 zwischen deutschen und französischen Gütern interpretiert werden. Aufgrund der Normierung des Dollarwechselkurses auf Eins gibt de auch die relative Änderung dieses Wechselkurses an. Die endogene Änderung der Währungsreserven dR schließlich ist gleich dem Interventionsvolumen, das notwendig ist, um den festen Wechselkurs zwischen der Mark und dem Franc zu verteidigen. Wenn der Franc gestützt werden muß, ist dR positiv, im umgekehrten Fall negativ.

Aus den Ergebnissen für die Summen- und Differenzenvariablen lassen sich die Änderungen der Einkommen in Deutschland und Frankreich

$$dY^1 = \frac{1}{2}\left[(dY^1 + dY^2) + (dY^1 - dY^2)\right]$$

und

$$dY^2 = \frac{1}{2}\left[(dY^1 + dY^2) - (dY^1 - dY^2)\right]$$

und analog dP^1 und dP^2 bestimmen.

3.2.5 Leitwährungsmodell

Das Leitwährungsmodell unterscheidet sich von dem beschriebenen Grundmodell durch die Liquiditätswirkungen von Devisenmarktinterventionen. Im Grundmodell bleibt bei Interventionen auf dem Mark/Franc-Markt die Gesamtgeldmenge in der Wechselkursunion konstant. Die Geldmenge sinkt in dem Land, dessen Währung gestützt werden muß und steigt im anderen Unionsland entsprechend. In der Leitwährungsversion des Modells wird dagegen angenommen, daß die deutsche Zentralbank Devisenmarktinterventionen vollständig sterilisiert, d.h., daß sie auf Geldmengenänderungen infolge von Interventionen mit entgegengesetzter Geldpolitik reagiert, so daß die deutsche Geldmenge konstant bleibt.

Die Gleichgewichtsbedingungen für den deutschen und den französischen Geldmarkt lauten dann:

$$P^1L^1(Y^1,i) = \widetilde{M}^1 \qquad \text{bzw.} \qquad P^2L^2(Y^2,i) = \widetilde{M}^2 - R \quad .$$

Die deutsche Zentralbank kontrolliert die deutsche Geldmenge, während sich die französische Geldmenge weiterhin bei notwendiger Stützung des Mark/Franc-Kurses um das Interventionsvolumen verändert. Die Gesamtgeldmenge verändert sich dabei um den gleichen Betrag. Wenn etwa die Mark unter Abwertungsdruck gegenüber dem Franc gerät und gestützt wird, sinkt zunächst die deutsche Geldmenge infolge der Devisenmarktinterventionen. In gleichem Umfang wird die deutsche Zentralbank expansive Geldpolitik durchführen, so daß die französische Geldmenge und die Gesamtgeldmenge in der Wechselkursunion um das Interventionsvolumen steigen.

Alle anderen Annahmen — einschließlich der Symmetrieannahmen — werden aus dem Grundmodell übernommen. Aufgrund der Asymmetrie des Interventionsmechanismus zerfällt das Gleichungssystem des Leitwährungsmodells nicht mehr in zwei voneinander unabhängige Systeme. Die Einkommens- und Preisniveaudifferenzen und das Interventionsvolumen lassen sich weiterhin aus einem 3×3–System bestimmen; die Interventionen auf dem Mark/Franc-Markt bestimmen aber die Geldpolitik der deutschen Zentralbank und damit die Gesamtgeldmenge in der Wechselkursunion, die Einfluß auf das Gesamteinkommen, das durchschnittliche Preisniveau und den Wechselkurs hat.

Für die Rechnung empfiehlt es sich aber, das Modell trotzdem in zwei 3×3–Systeme aufzuspalten, die in Tabelle 3.4 angegeben sind. Im Gleichungssystem über die Wechselkursunion als Ganzes ist dann zu beachten, daß der Vektor auf der rechten Seite nicht nur exogene Störungen enthält, sondern daß dort das Ergebnis über die Höhe der notwendigen Interventionen dR aus dem Gleichungssystem über die Unterschiede zwischen den Unionsländern eingesetzt werden muß.

Im Leitwährungsmodell überlagern sich jeweils die Effekte der ursprünglichen Störung und der Geldpolitik der deutschen Zentralbank zur Sterilisierung. Unabhängig von der exogenen Störung sind die Einkommens- und Preisniveaudifferenzen in beiden Modellvarianten gleich, wie sich den Gleichungssystemen leicht ansehen läßt.[15] Die Gleichungssysteme über die Differenzen in den beiden Modellversionen unterscheiden sich nur in der dritten Spalte der Koeffizientenmatrix, dort steht in der zweiten Zeile im Leitwährungsmodell -1 statt -2 im Grundmodell. Bei der Berechnung der

[15]Inhaltlich wird dies im nächsten Abschnitt erklärt, in dem gezeigt wird, daß durch Geldmengenänderungen keine Unterschiede zwischen den Unionsländern entstehen.

Tabelle 3.4: Leitwährungsmodell

Gleichungssystem für die Wechselkursunion als Ganzes (Summenmodell):

$$\begin{pmatrix} s_1 + m_1 - m_{21} & T_e^1 & -2T_e^1 \\ L_{Y^1}^1 & L^1 & 0 \\ -\omega_{Q^1}^1 & \mu b + \nu b - 1 & 2\eta b \end{pmatrix} \begin{pmatrix} dY^1 + dY^2 \\ dP^1 + dP^2 \\ de \end{pmatrix} =$$

$$\begin{pmatrix} dG^1 + dG^2 \\ d\widetilde{M}^1 + d\widetilde{M}^2 - dR \\ 0 \end{pmatrix}$$

Systemdeterminante Γ_1 wie oben im Summenmodell des Grundmodells.

Gleichungssystem über die Unterschiede zwischen den Unionsländern:

$$\begin{pmatrix} s_1 + m_1 + m_{21} & T_{P^1}^2 - T_{P^1}^1 & 0 \\ L_{Y^1}^1 & L^1 & -1 \\ \omega_{Q^1}^1 & 1 - \mu b + \nu b & 0 \end{pmatrix} \begin{pmatrix} dY^1 - dY^2 \\ dP^1 - dP^2 \\ dR \end{pmatrix} = \begin{pmatrix} dG^1 - dG^2 \\ d\widetilde{M}^1 - d\widetilde{M}^2 \\ 0 \end{pmatrix}$$

Systemdeterminante $\frac{1}{2}\Gamma_2$, wobei Γ_2 die Systemdeterminante des Gleichungssystems über die Unterschiede im Grundmodell ist.

Differenzen $dY^1 - dY^2$ und $dP^1 - dP^2$ mit Hilfe der Cramer'schen Regel sind im Grundmodell also jeweils die Determinanten im Zähler und im Nenner doppelt so groß wie im Leitwährungsmodell, die Ergebnisse also gleich. Entsprechend läßt sich feststellen, daß im Leitwährungsmodell das Interventionsvolumen dR stets doppelt so groß ist wie im Grundmodell.

Die gleiche Modifikation des Grundmodells würde sich ergeben, wenn angenommen wird, daß nur die französische Zentralbank am Devisenmarkt interveniert und daß diese ihre Mark-Reserven am Markt hält. Die deutsche Geldmenge bliebe dann von Interventionen unberührt, während sich die französische Geldmenge um das Interventionsvolumen veränderte.[16]

3.3 Geldpolitik

Die Analyse der Geldpolitik im beschriebenen Modell einer Wechselkursunion zeigt, daß gegenüber einem Modell eines kleinen Landes mit flexiblen Wechselkursen kaum neue Effekte auftreten. Die Wirkungsmechanismen einer Geldangebotsänderung sollen hier aber dennoch dargestellt werden, da sie Grundlage der Interpretation der Ergebnisse im Leitwährungsmodell sind, in dem sich die Effekte einer Störung stets mit der Wirkung der endogen bestimmten Änderung der Gesamtgeldmenge in der Wechselkursunion überlagern.

Ergebnisse im Grundmodell

Die deutsche Zentralbank führe eine expansive Geldpolitik durch, d.h. sie erhöhe die von ihr kontrollierbare Komponente des Geldangebotes $\widetilde{M}^1$, etwa durch Offenmarktkäufe. Die entstehende Tendenz zur Zinssenkung in Deutschland verursacht sofortige Kapitalabflüsse; dadurch werten die Mark und der Franc gegenüber dem Dollar ab und die Mark gerät unter Abwertungsdruck gegenüber dem Franc. Die obligatorischen Devisenmarktinterventionen der Zentralbanken lassen einen Teil des neugeschaffenen Geldes nach Frankreich abfließen.

Aufgrund der Annahme der vollkommenen Kapitalmobilität ändert sich der Zinssatz in der Wechselkursunion nicht, so daß der Geldmengenimpuls allein durch die Abwertung auf die Gütermärkte übertragen wird. Die Wechselkursänderung betrifft aber beide Unionsländer gleichermaßen, so daß — abgesehen von der Veränderung der Währungsreserven — keine Unterschiede zwischen den Unionsländern entstehen. Die Entwicklungen des Einkommens

[16] Vergleiche Abschnitt 2.2.8 über das Portfoliomodell bzw. Abschnitt 1.3 in der Einführung.

und des Preisniveaus sind in beiden Ländern gleich und unabhängig davon, welches Land die Geldmenge erhöht:[17]

$$\left.\frac{dY^1 - dY^2}{d\widetilde{M}^1}\right|_G = 0 \qquad \text{d.h.} \qquad \left.\frac{dY^1}{d\widetilde{M}^1}\right|_G = \left.\frac{dY^2}{d\widetilde{M}^1}\right|_G$$

bzw.

$$\left.\frac{dP^1 - dP^2}{d\widetilde{M}^1}\right|_G = 0 \qquad \text{d.h.} \qquad \left.\frac{dP^1}{d\widetilde{M}^1}\right|_G = \left.\frac{dP^2}{d\widetilde{M}^1}\right|_G .$$

Das Interventionsvolumen beträgt

$$\left.\frac{dR}{d\widetilde{M}^1}\right|_G = -\frac{1}{2},$$

d.h. die Hälfte der zusätzlichen Geldmenge fließt nach Frankreich ab, und das Geldangebot ist im neuen Gleichgewicht in beiden Ländern weiter gleich groß. In Höhe des Interventionsvolumens entsteht eine Forderung der französischen Zentralbank an die deutsche, d.h. Deutschland verliert Währungsreserven an Frankreich.

Die Abwertung der Unionswährungen gegenüber dem Dollar, die aus der Geldmengenausweitung resultiert, wirkt über die Handelsbilanzen expansiv auf die Nachfrageseite. Je nach den Eigenschaften des gesamtwirtschaftlichen Angebots teilt sich die expansive Wirkung in einen Output- und einen Preiseffekt auf. Die entsprechenden Multiplikatoren lassen sich aus dem Gleichungssystem über die Wechselkursunion als Ganzes berechnen:

$$\begin{aligned}
\left.\frac{dY^1}{d\widetilde{M}^1}\right|_G &= \left.\frac{1}{2}\frac{dY^1 + dY^2}{d\widetilde{M}^1}\right|_G \\
&= \frac{1}{\Gamma_1} T_e^1 (1-b) \geq 0 \\
\left.\frac{dP^1}{d\widetilde{M}^1}\right|_G &= \left.\frac{1}{2}\frac{dP^1 + dP^2}{d\widetilde{M}^1}\right|_G \\
&= \frac{1}{\Gamma_1}[(s_1 + m_1 - m_{21})\eta b - \omega_{Q^1}^1 T_e^1] \geq 0 \\
\left.\frac{de}{d\widetilde{M}^1}\right|_G &= \frac{1}{\Gamma_1}[(s_1 + m_1 - m_{21})(1 - \mu b - \nu b) - \omega_{Q^1}^1 T_e^1] > 0
\end{aligned}$$

[17]Die Multiplikatoren des Grundmodells werden mit „G" gekennzeichnet.

Die beiden Summanden im Multiplikator für das Preisniveau repräsentieren die beiden möglichen Ursachen für einen Preisauftrieb in den Unionsländern. Erstens erhöht die Abwertung die Konsumentenpreisindizes, so daß im Fall von Lohnindexierung ($b > 0$) der realisierte Nominallohn steigt; proportional dazu erhöht sich für jedes Outputvolumen der Angebotspreis. Dieser Effekt ist umso stärker, je größer der Grad der Lohnindexierung b und je größer der Anteil η von Gütern aus dem Dollarraum am Konsum in den Unionsländern ist. Zweitens kann bei abnehmender Grenzproduktivität der Arbeit ($\omega^1_{Q_1} < 0$) das Sozialprodukt nur wachsen, wenn der Produzentenreallohn sinkt, d.h. wenn sich das Preisniveau relativ zum Nominallohn erhöht.[18]

Aus den Gleichgewichtsbedingungen für die Geldmärkte folgt, daß sich die Einkommen umso stärker erhöhen, je weniger die Preisniveaus steigen. Formal ist die Abhängigkeit der Einkommensveränderung vom Grad der Lohnindexierung b im Zähler des Multiplikators direkt ablesbar; die Abhängigkeit von der Preiselastizität des Güterangebots besteht über die Determinante im Nenner, die für $\omega^1_{Q_1} < 0$ größer ist als für $\omega^1_{Q_1} = 0$. Besonders einfach ist dies am Beispiel des konstanten Nominallohnes ($b = 0$) zu sehen; in diesem Fall vereinfacht sich der Multiplikator für das Gesamteinkommen in der Wechselkursunion zu

$$\left.\frac{dY^1 + dY^2}{d\widetilde{M}^1}\right|_G = \frac{1}{L^1_{Y^1} - \omega^1_{Q^1}} > 0.$$

Bei konstantem Nominallohn ($b = 0$) und konstanter Grenzproduktivität ($\omega^1_{Q^1} = 0$) entfallen die beiden oben genannten Ursachen für eine Preiserhöhung, und die Preisniveaus bleiben konstant. Die Abwertung entspricht im vollen Umfang einem Sinken der relativen Preise P^1/eP^* und P^2/eP^*, so daß die Geldpolitik ihre größte Wirkung auf die Handelsbilanzen und damit auf die Sozialprodukte der Unionsländer hat. Das Überschußangebot auf dem Geldmarkt wird allein durch eine entsprechend große Einkommenserhöhung abgebaut.

In allen anderen Fällen bremst der Preisauftrieb die Wirkung der Abwertung auf die Handelsbilanzen der Unionsländer. Die relativen Preise P^1/eP^* und P^2/eP^* verändern sich um

$$\frac{dP^1}{d\widetilde{M}^1} - \frac{de}{d\widetilde{M}^1} = \frac{dP^2}{d\widetilde{M}^1} - \frac{de}{d\widetilde{M}^1} = \frac{1}{\Gamma_1}(s_1 + m_1 - m_{21})(b - 1) \leq 0 \, .$$

[18]In einem P^1-Y^1-Diagramm entspräche der erste Effekt einer Verschiebung der aggregierten Angebotskurve nach oben, während der zweite Effekt eine Bewegung auf der Angebotskurve bedeuten würde.

Je größer der Grad der Lohnindexierung b ist, desto stärker steigen das deutsche und das französische Preisniveau und desto weniger sinken P^1/eP^* und P^2/eP^*. Dann fällt auch die Verbesserung der Handelsbilanzen und somit die Einkommenserhöhung geringer aus. Bei vollständiger Lohnindexierung ($b = 1$) erhöhen sich die Preisniveaus und der Wechselkurs in gleichem Ausmaß, so daß alle relativen Preise und somit auch die Einkommen in den Unionsländern konstant bleiben. Die Geldpolitik ist dann völlig ineffizient.

Außer in diesem Grenzfall wird die Änderung der Einkommen und der relativen Preise P^1/eP^* und P^2/eP^* wie die der Preisniveaus auch von der Form der Produktionsfunktionen beeinflußt. Bei abnehmender Grenzproduktivität der Arbeit ($\omega^1_{Q^1} < 0$) erhöhen sich die Preisniveaus stärker als bei konstanter Grenzproduktivität ($\omega^1_{Q^1} = 0$), so daß die Terms of Trade weniger stark sinken und die Einkommenssteigerung in der Wechselkursunion schwächer ausfällt.

Die Ergebnisse sollen noch einmal zusammengestellt werden: Die Effekte einer Geldmengenausweitung auf die Einkommen und die Preisniveaus der Unionsländer und auf den Dollarwechselkurs sind unabhängig davon, welche Zentralbank die expansive Geldpolitik durchführt. Die Entwicklung der Einkommen und der Preisniveaus ist in beiden Unionsländern gleich.

Expansive Geldpolitik führt jedenfalls zu einer Abwertung der Währungen der Wechselkursunion. Die expansive Wirkung teilt sich in einen Einkommens- und einen Preisniveaueffekt auf. Die Einkommen steigen umso mehr und die Preisniveaus steigen umso weniger, je niedriger der Grad der Lohnindexierung ist. Außer im Fall vollständiger Lohnindexierung ist bei abnehmender Grenzproduktivität der Arbeit der Preisniveaueffekt größer und der Outputeffekt kleiner als bei konstanter Grenzproduktivität.

Folgende Grenzfälle treten auf: Bei konstantem Nominallohn und konstanter Grenzproduktivität der Arbeit bleiben die Preisniveaus konstant und die Einkommenserhöhung ist am größten; bei vollständiger Lohnindexierung ist — unabhängig von der Produktionsfunktion — die Geldpolitik völlig ineffizient, die Einkommen bleiben konstant, und es steigen lediglich die Preisniveaus und der Wechselkurs.

Ergebnisse im Leitwährungsmodell

Wenn die deutsche Zentralbank Devisenmarktinterventionen sterilisiert, so kontrolliert sie die deutsche Geldmenge. Plant sie, die Geldmenge in Deutschland um ein bestimmtes Volumen zu erhöhen, so wird die französische Geldmenge um den gleichen Betrag wachsen, und im Ergebnis steigt die Gesamtgeldmenge in der Wechselkursunion um das Doppelte. Auch hierbei entstehen natürlich keine Unterschiede zwischen den Unionsländern.

Frankreich kann dagegen keine autonome Geldpolitik mehr durchführen. Bei einer Erhöhung der französischen Geldmenge wird immer die Hälfte des neugeschaffenen Geldes infolge von obligatorischen Devisenmarktinterventionen nach Deutschland abfließen; sterilisiert die deutsche Zentralbank durch kontraktive Geldpolitik, so sinkt die Geldmenge in Deutschland und in Frankreich auf das ursprüngliche Niveau. Der Versuch der französischen Zentralbank, die Geldmenge zu erhöhen, führt lediglich zu einem Verlust von Währungsreserven in gleichem Umfang.

3.4 Fiskalpolitik

Unter Fiskalpolitik sei eine Erhöhung der Staatsnachfrage nach heimischen Gütern verstanden, die durch die Ausgabe von Staatsschuldtiteln finanziert wird. Im vorliegenden Modellzusammenhang, d.h. bei vollkommener Kapitalmobilität und Vernachlässigung von Vermögenseffekten, kann ein Budgetdefizit des Staates durch Bonds finanziert werden, ohne daß dadurch Modellgleichungen oder -parameter berührt werden. Auf das Problem der Finanzierung der Staatsausgaben braucht deshalb nicht genauer eingegangen zu werden. Die Resultate gelten auch für eine exogene Erhöhung der Güternachfrage, die nicht vom Staat verursacht wurde.

Im Grundmodell werden die Auswirkungen einer Fiskalpolitik am Beispiel einer Staatsausgabenerhöhung in Frankreich untersucht, für Deutschland gelten die analogen Ergebnisse (Abschnitt 3.4.1). Im Leitwährungsmodell muß unterschieden werden, ob in Frankreich oder in Deutschland die Staatsnachfrage steigt, d.h. ob Devisenmarktinterventionen im Partnerland des expandierenden Landes sterilisiert werden oder ob die Fiskalpolitik im Leitwährungsland selbst durchgeführt wird (Abschnitt 3.4.2 bzw. 3.4.3). Die qualitativen Ergebnisse, die sich bei einer Fiskalpolitik in Frankreich und in Deutschland in den beiden Modellversionen ergeben, sind in Tabelle 3.5 (S.84) zusammengestellt.

3.4.1 Ergebnisse im Grundmodell

In Frankreich steige die Staatsnachfrage nach inländischen Gütern. Zunächst werden die Auswirkungen für die Wechselkursunion als Ganzes betrachtet, die sich wie ein kleines Land mit flexiblem Wechselkurs verhält.

Der expansive Fiskalimpuls verursacht eine Tendenz zur Zinserhöhung, die zu sofortigen Kapitalzuflüssen und damit zur Aufwertung des Franc und der Mark gegenüber dem Dollar führt. Die Aufwertung verschlechtert die

Tabelle 3.5: Qualitative Ergebnisse bei Fiskalpolitik

	dG^2 Fiskalpolitik in Frankreich		dG^1 Fiskalpolitik in Deutschland	
	Grundmodell	Leitwährungsmodell	Grundmodell	Leitwährungsmodell
$dY^1 + dY^2$	+,0	+	+,0	?
$dY^1 - dY^2$	−	−	+	+
dY^1	?	?	+	+,0
dY^2	+	+	?	?
$dP^1 + dP^2$	−,0	?	−,0	−,0
$dP^1 - dP^2$	−,0	−,0	+,0	−,0
dP^1	−,0	?	?	−,0
dP^2	?	?	−,0	−,0
de	−	?	−	−
dR	−	−	+	+

+,0 bedeutet, daß der Multiplikator positiv oder gleich Null sein kann, −,0 hat die analoge Bedeutung.
Ein ? bedeutet, daß die Veränderung positiv oder negativ sein kann.

Handelsbilanzen beider Unionsländer; dem Anstieg der Nachfrage in Frankreich steht also ein Wechselkurs-Crowding-Out, das beide Länder gleichmäßig betrifft, gegenüber. Durch die Aufwertung verbilligen sich Importgüter aus dem Dollarraum, so daß der Konsumentenpreisindex fällt. Im Fall von Lohnindexierung ($0 < b \leq 1$) sinkt dann der realisierte Nominallohn, und es entsteht ein expansiver Effekt auf der Angebotsseite.

Die Aufwertung beträgt

$$\left.\frac{de}{dG^2}\right|_G = \frac{1}{\Gamma_1}(L^1_{Y^1}(\mu b + \nu b - 1) + L^1\omega^1_{Q^1}) < 0.$$

Das Gesamteinkommen in der Wechselkursunion und das durchschnittliche Preisniveau ändern sich um

$$\left.\frac{dY^1 + dY^2}{dG^2}\right|_G = \frac{2}{\Gamma_1}L^1\eta b \geq 0,$$

$$\left.\frac{dP^1 + dP^2}{dG^2}\right|_G = -\frac{2}{\Gamma_1}L^1_{Y^1}\eta b \leq 0.$$

Bei konstantem Nominallohn ($b = 0$) ändern sich das Gesamteinkommen und das durchschnittliche Preisniveau nicht; die Aufwertung ist so stark, daß die Verschlechterung der Handelsbilanzen gerade der Erhöhung der Staatsnachfrage entspricht und sich die Gesamtnachfrage in der Wechselkursunion nicht verändert. Dies läßt sich am Geldmarkt veranschaulichen. Bei konstantem Nominallohn kann das Sozialprodukt nur bei gleichbleibendem Preisniveau ($\omega^1_{Q^1} = 0$) bzw. bei steigendem Preisniveau ($\omega^1_{Q^1} < 0$) wachsen; bei konstanter Geldmenge in der Wechselkursunion und exogen gegebenem Zinssatz wäre das mit dem Gleichgewicht auf dem Geldmarkt nicht vereinbar. Für die Wechselkursunion als Ganzes gilt das Ergebnis MUNDELLs (1963), daß expansive Fiskalpolitik in einem kleinen Land mit flexiblem Wechselkurs vollkommen ineffizient ist. Dabei bleibt der durchschnittliche Reallohn aus Unternehmersicht konstant, während der Reallohn aus Arbeitnehmersicht im Durchschnitt steigt.

Wenn allerdings die Angebotsseite aufgrund von Lohnindexierung auf die Aufwertung reagiert, steigt das Gesamteinkommen bei sinkendem durchschnittlichem Preisniveau. Die Wirkung der expansiven Fiskalpolitik ist umso größer, je stärker der Nominallohn auf die Aufwertung reagiert, d.h. je größer der Grad der Lohnindexierung b und je größer der Anteil η von Waren aus dem Rest der Welt am Konsum in der Wechselkursunion ist. Die Preisniveausenkung ist bei abnehmender Grenzproduktivität der Arbeit kleiner als bei konstanter, entsprechend ist auch die Wirkung auf die Einkommenssteigerung in der Wechselkursunion geringer.

Das Einkommen und das Preisniveau entwickeln sich aber in beiden Unionsländern unterschiedlich. Da sich die Nachfrageerhöhung auf französische Güter bezieht, das Crowding-Out durch die Aufwertung aber deutsche und französische Nachfrage gleichermaßen betrifft, ist das französische Sozialprodukt im neuen Gleichgewicht höher als das deutsche:

$$\left.\frac{dY^1 - dY^2}{dG^2}\right|_G = -\frac{2}{\Gamma_2}(1 - \mu b + \nu b) < 0.$$

Bei endlich preiselastischem Angebot erfordert das höhere Sozialprodukt in Frankreich dort ein höheres Preisniveau als in Deutschland, der relative Preis P^1/P^2 ändert sich um

$$\left.\frac{dP^1 - dP^2}{dG^2}\right|_G = \frac{2\omega^1_{Q^1}}{\Gamma_2} \leq 0.$$

Der Unterschied zwischen den Einkommen in den Unionsländern ist betragsmäßig umso kleiner, je größer der Grad der Lohnindexierung b ist, da $\mu > \nu$ angenommen wurde. Dagegen ist der Preisunterschied — wiederum absolut betrachtet — umso größer, je größer b ist, da die Systemdeterminante Γ_2 negativ von b abhängt. Entgegengesetzten Einfluß auf die beiden Differenzen hat auch die Grenzproduktivität der Arbeit. Für $\omega^1_{Q^1} < 0$ ist der Preisunterschied $|dP^1 - dP^2|$ größer und der Einkommensunterschied $|dY^1 - dY^2|$ kleiner als für $\omega^1_{Q^1} = 0$.

Das Gleichgewicht auf den Geldmärkten erfordert — bei höherem Einkommen und gleichem oder höherem Preisniveau — in Frankreich eine größere Geldmenge als in Deutschland. Die Währungen der Unionsländer werten nicht nur gegenüber dem Dollar auf, sondern der Franc gerät auch unter Aufwertungsdruck innerhalb der Wechselkursunion, so daß die Mark durch Devisenmarktinterventionen gestützt werden muß. Das Interventionsvolumen beträgt

$$\left.\frac{dR}{dG^2}\right|_G = \frac{1}{\Gamma_2}(\omega^1_{Q^1} L^1 - L^1_{Y^1}(1 - \mu b + \nu b)) < 0.$$

Um diesen Betrag steigt die Geldmenge in Frankreich, und sie sinkt entsprechend in Deutschland. Dabei ist unbestimmt, in welche Richtung die Parameter b und $\omega^1_{Q^1}$ die Höhe des Interventionsvolumens beeinflussen, da auch die Determinante Γ_2 von beiden Größen abhängt. Dasselbe gilt auch für die Änderung des Wechselkurses.

Aus den Resultaten für die Summen und Differenzen können die Einkommen und die Preisniveaus für die einzelnen Unionsländer bestimmt werden. Eindeutig ist, daß das französische Sozialprodukt

$$\left.\frac{dY^2}{dG^2}\right|_G = \frac{1}{2}\left(\left.\frac{dY^1 + dY^2}{dG^2}\right|_G - \left.\frac{dY^1 - dY^2}{dG^2}\right|_G\right) > 0$$

bei expansiver Fiskalpolitik in Frankreich steigt. Dagegen ist die Entwicklung des deutschen Sozialproduktes

$$\left.\frac{dY^1}{dG^2}\right|_G = \frac{1}{2}\left(\left.\frac{dY^1 + dY^2}{dG^2}\right|_G + \left.\frac{dY^1 - dY^2}{dG^2}\right|_G\right) \gtreqless 0$$

ohne genauere Spezifizierung des Angebotsverhaltens unbestimmt. Die gestiegene französische Importnachfrage wirkt in Deutschland expansiv; dem steht aber der kontraktive Effekt der Verschlechterung der Handelsbilanz infolge der Aufwertung gegenüber.

Außerdem folgt, daß das deutsche Preisniveau

$$\left.\frac{dP^1}{dG^2}\right|_G = \frac{1}{2}\left(\left.\frac{dP^1 + dP^2}{dG^2}\right|_G + \left.\frac{dP^1 - dP^2}{dG^2}\right|_G\right) \leq 0$$

fällt oder — im Grenzfall des exogen gegebenen Preisniveaus — unverändert bleibt, während das französische Preisniveau

$$\left.\frac{dP^2}{dG^2}\right|_G = \frac{1}{2}\left(\left.\frac{dP^1 + dP^2}{dG^2}\right|_G - \left.\frac{dP^1 - dP^2}{dG^2}\right|_G\right) \gtreqless 0$$

steigen oder — schwächer als in Deutschland — sinken kann.

Für die Summen und Differenzen wurde jeweils bestimmt, wie sie von den Parametern b und $\omega^1_{Q^1}$ abhängen. Dagegen kann im allgemeinen nicht gesagt werden, in welche Richtung die Parameter b und $\omega^1_{Q^1}$ die Veränderung der einzelnen Einkommen und Preisniveaus beeinflussen, und es kann sein, daß die Multiplikatoren nicht monoton in b und $\omega^1_{Q^1}$ sind.[19] Einige Aussagen folgen aber aus den Ergebnissen über die Summen und Differenzen. Festgehalten werden soll hier das Ergebnis, daß bei expansiver Fiskalpolitik in Frankreich das deutsche Sozialprodukt im neuen Gleichgewicht umso höher ist, je höher der Grad der Lohnindexierung b ist, da mit steigendem b das

[19] Die Multiplikatoren für Y^1, Y^2, P^1 und P^2 sind gebrochen rationale Funktionen in b und $\omega^1_{Q^1}$. Der Zähler hängt linear oder quadratisch von b und $\omega^1_{Q^1}$ ab; der Nenner ist das Produkt der Systemdeterminanten Γ_1 und Γ_2 und ist somit quadratisch in b und $\omega^1_{Q^1}$. Für Y^1 ist der Ausdruck im Anhang B.2 angegeben.

Gesamteinkommen stärker steigt und die Differenz zwischen den Einkommen betragsmäßig kleiner wird.

Zur weiteren Analyse muß zwischen den verschiedenen Hypothesen über das Angebotsverhalten unterschieden werden. Dabei ist von besonderem Interesse, unter welchen Bedingungen es zu positiver bzw. zu negativer Konjunkturübertragung der Fiskalpolitik kommt, aber auch, wie sich im Zusammenhang damit die einzelnen Preisniveaus und die Handelsbilanzen entwickeln. Die qualitativen Ergebnisse für das deutsche Sozialprodukt und die beiden Preisniveaus sind in Tabelle 3.6 (S.89) dargestellt. Die formale Herleitung der im folgenden erläuterten Resultate, d.h. insbesondere die weitere Untersuchung der Multiplikatoren, deren Vorzeichen unbestimmt sind, soll an dieser Stelle nicht dargestellt werden. Als Beispiel dafür werden jeweils die Ergebnisse für das deutsche Sozialprodukt im Anhang B.2 gezeigt.

Konstanter Nominallohn

Bei konstantem Nominallohn und konstanter Grenzproduktivität der Arbeit liegt der Fall des unendlich preiselastischen Angebotes zu exogen gegebenem Preisniveau vor, den LEVIN (1983) und ROSE/SAUERNHEIMER (1983) betrachtet haben. Das Gesamteinkommen in der Wechselkursunion ist dann konstant, d.h. das steigende Einkommen in Frankreich ist mit einem sinkenden Sozialprodukt in Deutschland verbunden. In Deutschland muß also der kontraktive Effekt der Aufwertung gegenüber dem Dollar den expansiven Effekt des gestiegenen Einkommens in Frankreich überwiegen. Mit dem steigenden Sozialprodukt in Frankreich steigt dort die Nachfrage nach Transaktionskasse, die bei konstantem Preisniveau und konstantem Zins nur durch eine höhere Geldmenge befriedigt werden kann. Bei gegebener Gesamtgeldmenge sinkt dann die Geldmenge und damit das Einkommen in Deutschland. Die expansive Fiskalpolitik ist nur deshalb erfolgreich, weil das andere Unionsland einen Teil des Wechselkurs-Crowding-Out übernimmt; in diesem Sinne ist Fiskalpolitik „beggar-my-neighbour-policy".

An dem Ergebnis der negativen Konjunkturübertragung ändert sich nichts, wenn ein endlich preiselastisches Angebot angenommen wird (vergl. SAUERNHEIMER 1984). Auch dann ändert sich das Gesamteinkommen in der Wechselkursunion durch die expansive Fiskalpolitik nicht. Die Erhöhung der Nachfrage nach französischen Gütern läßt dann in Frankreich das Sozialprodukt und das Preisniveau steigen. Aus der Gleichgewichtsbedingung für den Geldmarkt folgt wiederum, daß dies nur bei sinkender Geldmenge in Deutschland, d.h. bei sinkendem Einkommen und sinkendem Preisniveau möglich ist.

Bei konstantem Nominallohn sinkt also der deutsche Handelsbilanzsaldo infolge der expansiven Fiskalpolitik in Frankreich. Die Verschlechte-

Tabelle 3.6: Expansive Fiskalpolitik in Frankreich — Grundmodell

Qualitative Ergebnisse für das deutsche Sozialprodukt und für das deutsche und das französische Preisniveau

dY^1	$\omega^1_{Q^1} = 0$	$\omega^1_{Q^1} < 0$
$b = 0$	−	−
$0 < b < 1$	?	?
$b = 1$	+	?

dP^1 dP^2	$\omega^1_{Q^1} = 0$	$\omega^1_{Q^1} < 0$
$b = 0$	0 0	− +
$0 < b < 1$	− −	− ?
$b = 1$	− −	− ?

Tabelle 3.7: Expansive Fiskalpolitik in Frankreich — Leitwährungsmodell

Qualitative Ergebnisse für das deutsche Sozialprodukt und für das deutsche und das französische Preisniveau

dY^1	$\omega^1_{Q^1} = 0$	$\omega^1_{Q^1} < 0$
$b = 0$	0	0
$0 < b < 1$	+	?
$b = 1$	+	?

dP^1 dP^2	$\omega^1_{Q^1} = 0$	$\omega^1_{Q^1} < 0$
$b = 0$	0 0	0 +
$0 < b < 1$	− −	? ?
$b = 1$	− −	? ?

rung durch die Aufwertung überwiegt die Verbesserung durch das gestiegene französische Einkommen. Der französische Handelsbilanzsaldo sinkt noch stärker als der deutsche, da das Einkommen und eventuell auch das Preisniveau in Frankreich im neuen Gleichgewicht höher sind als in Deutschland.

Lohnindexierung

Konstante Grenzproduktivität Bei konstanter Grenzproduktivität der Arbeit ist das Güterangebot in den Unionsländern vollkommen preiselastisch zu einem Preisniveau, das vom Wechselkurs abhängt. Der relative Preis P^1/P^2 zwischen deutschen und französischen Gütern ändert sich nicht.

Bei vollständiger Lohnindexierung entwickeln sich die Preisniveaus proportional zum Wechselkurs, so daß sich auch die relativen Preise P^1/eP^* und P^2/eP^* nicht verändern. Die Aufwertung des Franc und der Mark gegenüber dem Dollar hat dann keinen Einfluß auf die Handelsbilanzen der Unionsländer, da die Preisniveaus im gleichen Ausmaß sinken und die Terms of Trade konstant bleiben. Der Verbesserung der deutschen Handelsbilanz durch das gestiegene französische Einkommen steht also kein Wechselkurs-Crowding-Out gegenüber, so daß das deutsche Sozialprodukt steigt. Auf diesen Fall der eindeutig positiven Konjunkturübertragung bei Fiskalpolitik weisen auch SAUERNHEIMER (1984) und MOUTOS/SCARTH (1988) hin. Das gestiegene Einkommen in beiden Unionsländern ist mit dem Gleichgewicht auf dem Geldmarkt vereinbar, da mit den fallenden Preisniveaus das reale Geldangebot steigt.

Der Fall der unvollständigen Lohnindexierung bei konstanter Grenzproduktivität steht zwischen den Grenzfällen des konstanten Nominallohnes mit negativer und des konstanten Arbeitnehmerreallohnes mit positiver Konjunkturübertragung. Die Preisniveaus in Deutschland und in Frankreich sinken infolge der Aufwertung, aber unterproportional, so daß die relativen Preise P^1/eP^* und P^2/eP^* steigen und die Handelsbilanzen sich verschlechtern. Ob dieser Effekt die gestiegene französische Nachfrage nach deutschen Gütern überwiegt, ist unbestimmt; dabei kommt es umso eher zu positiver Konjunkturübertragung, je größer der Grad der Lohnindexierung ist.

Abnehmende Grenzproduktivität Bei endlich preiselastischem Güterangebot steht dem preissenkenden Effekt der Aufwertung der preiserhöhende Effekt der Produktionssteigerung entgegen, so daß auch bei vollständiger Lohnindexierung das durchschnittliche Preisniveau nicht so stark sinkt wie der Wechselkurs. Es läßt sich zeigen, daß dies auch für die einzelnen Preisniveaus gilt, so daß die relativen Preise P^1/eP^* und P^2/eP^* steigen und Nachfrage aus den Unionsländern in den Dollarraum verdrängt wird.

Außerdem ändert sich der relative Preis P^1/P^2 zwischen deutschen und französischen Gütern: das französische Preisniveau ist im neuen Gleichgewicht höher als das deutsche. Die deutsche Handelsbilanz verbessert sich durch die erhöhte französische Importnachfrage und durch den gesunkenen relativen Preis P^1/P^2, dem steht aber die Verschlechterung der Handelsbilanz durch die Aufwertung entgegen, und es ist unbestimmt, ob das Sozialprodukt in Deutschland steigt oder fällt.[20]

Im Fall des endlich preiselastischen Angebotes verbunden mit Lohnindexierung ist bei Fiskalpolitik sowohl positive als auch negative Konjunkturübertragung innerhalb der Wechselkursunion möglich. Für einen sehr niedrigen Grad der Lohnindexierung fällt das deutsche Sozialprodukt, und es ist im neuen Gleichgewicht umso höher, je größer der Grad der Lohnindexierung b ist, d.h. je stärker die Nominallöhne auf die Aufwertung reagieren.

Für den Fall der vollständigen Lohnidexierung ist die folgende Bedingung hinreichend dafür, daß das deutsche Einkommen bei einer expansive Fiskalpolitik in Frankreich steigt:

$$\frac{T^1_{P^2}}{T^1_e} \geq \frac{\nu}{\eta}\,. \qquad (*)$$

Ein Gleichheitszeichen würde bedeuten, daß sich die unterschiedlich starke wirtschaftliche Verflechtung Deutschlands mit Frankreich und mit dem Rest der Welt gleichermaßen in der Reaktion der Handelsbilanz auf Preisänderungen und im Anteil der importierten Güter am Konsum widerspiegelt. Wenn etwa der Anteil französischer Güter ν am deutschen Konsum doppelt so groß ist wie der Anteil von Gütern aus dem Dollarraum η, so müßte auch die Reaktion $T^1_{P^2}$ der deutschen Handelsbilanz auf eine Erhöhung des französischen Preisniveaus doppelt so groß sein wie die Reaktion T^1_e auf eine Abwertung.

Um die Bedeutung der Bedingung $(*)$ für die Entwicklung des deutschen Sozialproduktes infolge einer französischen Fiskalpolitik zu erläutern, muß genauer auf die Effekte eingegangen werden, die aus der Veränderung der relativen Preise P^1/P^2 und P^1/eP^* resultieren. Dabei ist neben der Entwicklung der Handelsbilanz die Wirkung auf das Güterangebot zu beachten. Bei

[20] Im Fall vollständiger Lohnindexierung scheint hier auf den ersten Blick ein Widerspruch vorzuliegen, da bei sinkendem Sozialprodukt in Deutschland ein preissenkender Effekt vorliegt, der relative Preis P^1/eP^* müßte also niedriger sein als bei konstanter Grenzproduktivität der Arbeit und somit bei vollständiger Lohnindexierung sinken. Das hieße, daß es in Deutschland kein Crowding-Out gäbe und das Sozialprodukt nicht fallen könnte. Hier ist die Entwicklung des französischen Preisniveaus zu beachten, das relativ zum Wechselkurs steigt und das in den deutschen Konsumentenpreisindex eingeht. Auf diesem Wege ist das deutsche Preisniveau über das Angebotsverhalten positiv vom französischen Einkommen abhängig, was den vermeintlichen Widerspruch auflöst.

vollständiger Lohnindexierung und abnehmender Grenzproduktivität der Arbeit hängt das gesamtwirtschaftliche Angebot allein von den relativen Preisen P^1/P^2 und P^1/eP^* ab, da diese den Reallohn aus Unternehmersicht determinieren (vergl. S.65).

Der relative Preis P^1/P^2 zwischen deutschen und französischen Gütern fällt, so daß sich die Handelsbilanz verbessert und das gesamtwirtschaftliche Angebot eingeschränkt wird. Der Einfluß auf das Güterangebot ist dabei umso größer, je größer das Gewicht ν französischer Güter im deutschen Konsumentenpreisindex ist. Dagegen steigt der relative Preis P^1/eP^* zwischen deutschen Gütern und Gütern aus dem Rest der Welt. Hierdurch wird das gesamtwirtschaftliche Angebot ausgeweitet — und zwar umso stärker, je größer η ist —, und die Handelsbilanz verschlechtert sich.

Diese Zusammenhänge beleuchten die Bedingung (∗), die in äquivalenter Form

$$\eta T^1_{P^2} \geq \nu T^1_e$$

lautet. Die Parameter $T^1_{P^2}$ und η beschreiben die Stärke von in Deutschland expansiv wirkenden Effekten, nämlich der Verbesserung der Handelsbilanz aufgrund des fallenden relativen Preises P^1/P^2 und der Ausweitung des Angebotes infolge der realen Aufwertung der Mark gegenüber dem Dollar. T^1_e und ν repräsentieren dagegen Relativpreiseffekte, die bei expansiver Fiskalpolitik in Frankreich kontraktiv auf das deutsche Einkommen wirken.

Wenn die Bedingung (∗) nicht erfüllt ist, d.h. wenn die kontraktiven Wirkungen der Änderungen der relativen Preise verhältnismäßig groß sind, kann das deutsche Sozialprodukt im Fall abnehmender Grenzproduktivität der Arbeit auch bei vollständiger Lohnindexierung sinken.

Zusammenfassung

Bevor im nächsten Abschnitt zum Leitwährungmodell übergegangen wird, sollen die Ergebnisse über die Konjunkturübertragung der Fiskalpolitik im Grundmodell zusammengefaßt werden (vergl. Tabelle 3.6, S. 89). Unabhängig von der Form der Produktionsfunktion gilt, daß im Fall des konstanten Nominallohnes ($b = 0$) das deutsche Einkommen bei einer expansiven Fiskalpolitik sinkt und daß das deutsche Einkommen im neuen Gleichgewicht umso höher ist, je größer der Grad der Lohnindexierung ist. Bei unvollständiger Lohnindexierung kann das deutsche Einkommen steigen oder fallen. Unterschiedliche Ergebnisse ergeben sich aber bei vollständiger Lohnindexierung ($b = 1$): Im Fall konstanter Grenzproduktivität der Arbeit ($\omega^1_{Q^1} = 0$) kommt es zu eindeutig positiver Konjunkturübertragung, während bei abnehmender Grenzproduktivität die Entwicklung des deutschen Einkommens auch für $b = 1$ unbestimmt ist.

3.4.2 Fiskalpolitik bei Sterilisierung im Partnerland

Durch expansive Fiskalpolitik in Frankreich gerät der Franc unter Aufwertungsdruck, so daß die Mark gestützt werden muß. Infolge der erzwungenen Devisenmarktinterventionen steigt die französische Geldmenge und die deutsche sinkt. Im Leitwährungsmodell reagiert die deutsche Zentralbank darauf mit expansiver Geldpolitik, um die deutsche Geldmenge konstant zu halten. Jeweils die Hälfte des neugeschaffenen Geldes fließt durch weitere Interventionen auf dem Mark/Franc-Markt nach Frankreich ab; die zur Sterilisierung erforderliche Geldmengenausweitung beträgt deshalb das Doppelte des Interventionsvolumens im Grundmodell ohne Sterilisierung. Die deutsche Geldmenge ist dann konstant; das Interventionsvolumen und der Zuwachs der französischen Geldmenge ist doppelt so groß wie im Grundmodell:[21]

$$\left.\frac{dR}{dG^2}\right|_{LW} = 2\left.\frac{dR}{dG^2}\right|_{G} < 0.$$

An dieser Stelle sei auf eine alternative Interpretation des Leitwährungsmodells hingewiesen. Wie in Abschnitt 3.3 gezeigt wurde, spielt es für die Entwicklung der Einkommen, der Preisniveaus und des Wechselkurses keine Rolle, welches Land die expansive Geldpolitik durchführt. Im Leitwährungsmodell kann deshalb die französische Staatsnachfrageerhöhung auch als policy-mix verstanden werden: Die expansive Fiskalpolitik wird von expansiver Geldpolitik in dem Umfang begleitet, daß der Franc weder unter Aufwertungs- noch unter Abwertungsdruck gegenüber der Mark gerät. Die französische Zentralbank paßt die inländische Komponente der Geldmenge so an, daß keine Devisenmarktinterventionen notwendig sind[22] und die deutsche Geldmenge unberührt bleibt. Die Geldmengenausweitung in Frankreich trägt dann zur Finanzierung der Fiskalpolitik bei.[23]

---

[21] Die Multiplikatoren des Leitwährungsmodells werden zur Unterscheidung von den Ergebnissen im Grundmodell mit „LW" gekennzeichnet.

[22] Bei dieser Interpretation gibt der Ausdruck dR nicht mehr die Variation der Währungsreserven an, beschreibt aber weiterhin, um wieviel die Gesamtgeldmenge bzw. die französische Geldmenge steigen.

[23] Bezüglich der Finanzierung ist natürlich zu beachten, daß die Staatsnachfrage eine Stromgröße, die Geldmenge dagegen eine Bestandsgröße ist. Wenn die Staatsnachfrage auf dem erhöhten Niveau gehalten wird, muß sie auf Dauer finanziert werden, was nicht mit einer einmaligen Geldmengenerhöhung möglich ist; wenn die Staatsnachfrage auf das ursprüngliche Niveau zurückgeführt würde, müßte auch die Geldmenge wieder entsprechend sinken.

Die Wirkung der expansiven Fiskalpolitik wird von den Effekten der expansiven Geldpolitik zur Sterilisierung überlagert. Die Erhöhung der Gesamtgeldmenge wirkt dabei der Aufwertung der Unionswährungen gegenüber dem Dollar und dem Sinken des durchschnittlichen Preisniveaus entgegen. Außer bei vollständiger Lohnindexierung erhöht die Geldmengensteigerung die Einkommen in den Unionsländern, so daß es bei französischer Fiskalpolitik im Leitwährungsmodell eher zu positiver Konjunkturübertragung kommt als im Grundmodell.

Das Gesamteinkommen steigt um

$$\left.\frac{dY^1 + dY^2}{dG^2}\right|_{LW} = \left.\frac{dY^1 + dY^2}{dG^2}\right|_G - 2\left.\frac{dR}{dG^2}\right|_G \cdot \left.\frac{dY^1 + dY^2}{d\widetilde{M}^1}\right|_G > 0.$$

Der Multiplikator setzt sich aus dem Effekt der Fiskalpolitik selbst und dem Effekt der Geldmengenerhöhung um $-2\frac{dR}{dG^2}\big|_G$ zusammen.

Die Abhängigkeit der Wirkung auf das Sozialprodukt vom Grad der Lohnindexierung b ist bei Fiskal- und Geldpolitik gerade entgegengesetzt: Je höher der Grad der Lohnindexierung, desto stärker wächst das Gesamteinkommen durch die expansive Fiskalpolitik, aber desto weniger effizient ist die Geldpolitik.[24] Das bedeutet umgekehrt, daß das Gesamteinkommen jetzt in jedem Fall steigt: Im Fall des konstanten Nominallohnes, in dem ohne Sterilisierung $Y^1 + Y^2$ bei Fiskalpolitik konstant bleibt, läßt die Geldmengenerhöhung das Gesamteinkommen wachsen.

Das durchschnittliche Preisniveau ändert sich um

$$\left.\frac{dP^1 + dP^2}{dG^2}\right|_{LW} = \left.\frac{dP^1 + dP^2}{dG^2}\right|_G - 2\left.\frac{dR}{dG^2}\right|_G \cdot \left.\frac{dP^1 + dP^2}{d\widetilde{M}^1}\right|_G \gtreqless 0.$$

Die Staatsnachfrageerhöhung wirkt preissenkend, dagegen wirkt die Geldmengenausweitung preiserhöhend. Ohne genauere Spezifizierung des Angebotsverhaltens ist unbestimmt, welcher Effekt überwiegt.

Die Änderung des Wechselkurses beträgt

$$\left.\frac{de}{dG^2}\right|_{LW} = \left.\frac{de}{dG^2}\right|_G - 2\left.\frac{dR}{dG^2}\right|_G \cdot \left.\frac{de}{d\widetilde{M}^1}\right|_G \gtreqless 0.$$

[24] Es kann allerdings nicht gesagt werden, daß die Wirkung der Sterilisierung umso größer ist, je kleiner der Grad der Lohnindexierung b ist. Dies gilt für eine gegebene Geldmengenerhöhung; es ist aber unbestimmt, in welche Richtung b das Volumen der Geldpolitik $-2\left.\frac{dR}{dG^2}\right|_G$, das zur Sterilisierung notwendig ist, beeinflußt.

Die Auswertung dieses Ausdruckes[25] zeigt, daß es im Fall des konstanten Nominallohnes ($b = 0$) und im Fall konstanter Grenzproduktivität der Arbeit ($\omega^1_{Q^1} = 0$) — trotz der Geldmengenerhöhung — zu einer Aufwertung der Unionswährungen kommt. Dagegen ist bei Lohnindexierung und endlich preiselastischem Angebot ($b > 0$ und $\omega^1_{Q^1} < 0$) nicht ausgeschlossen, daß die Wirkung der Erhöhung der Gesamtgeldmenge auf den Wechselkurs den Effekt der Fiskalpolitik überwiegt, so daß es zu einer Abwertung kommt. Hinreichend für eine Aufwertung ist die Bedingung (∗)

$$\frac{T^1_{P^2}}{T^1_e} \geq \frac{\nu}{\eta},$$

die auch hinreichend dafür ist, daß es bei Fiskalpolitik im Grundmodell bei vollständiger Lohnindexierung zu positiver Konjunkturübertragung kommt. In diesem Zusammenhang wurde die Ungleichung auch interpretiert (siehe S.91). Es kann außerdem gezeigt werden, daß auch im Fall einer nominalen Abwertung die Währungen der Unionsländer real aufwerten, d.h. daß die relativen Preise P^1/eP^* und P^2/eP^* steigen.

Die Einkommensdifferenz und der relative Preis zwischen Deutschland und Frankreich werden durch die Geldpolitik zur Sterilisierung nicht beeinflußt; sie sind im Leitwährungsmodell genauso groß wie im Grundmodell. Das französische Einkommen ist also im neuen Gleichgewicht höher als das deutsche. Bei konstanter Grenzproduktivität der Arbeit entwickeln sich die beiden Preisniveaus gleich, während bei abnehmender Grenzproduktivität das französische Preisniveau relativ zum deutschen steigt.

Aus den Resultaten für die Summen und die Differenzen können nun wieder die Einkommen und die Preisniveaus für die einzelnen Unionsländer bestimmt werden. Eindeutig ist nur, daß das französische Einkommen steigt, und zwar — außer im Fall vollständiger Lohnindexierung — stärker als im Grundmodell. Die Ergebnisse für das deutsche Sozialprodukt und für die beiden Preisniveaus sind in Tabelle 3.7 (S.89) differenziert nach den verschiedenen Annahmen über das Angebotsverhalten aufgeführt und werden in den folgenden Abschnitten erläutert.

Von besonderem Interesse ist dabei, inwiefern sich Deutschland durch die Sterilisierung von der Fiskalpolitik Frankreichs abschirmen kann, bzw. in welchen Fällen die expansive Geldpolitik eine negative Konjunkturübertragung verhindert.[26] Für die Entwicklung in Deutschland bildet dabei die Gleichgewichtsbedingung für den Geldmarkt $P^1L^1(Y^1, i) = \widetilde{M}^1$ einen „Anker“, der

[25] Die beschriebenen Ergebnisse über die Entwicklung des Wechselkurses werden in Anhang B.3 gezeigt.

[26] Für das deutsche Sozialprodukt wird der Multiplikator $\left.\frac{dY^1}{dG^2}\right|_{LW}$ in Anhang B.2 angegeben und ausgewertet.

im Grundmodell für die Wechselkursunion als Ganzes gilt: Da die Geldmenge konstant ist, kann das Sozialprodukt nur steigen, wenn das Preisniveau sinkt, und umgekehrt.

Konstanter Nominallohn

Im Fall der exogen gegebenen Preisniveaus ist Deutschland durch die Sterilisierungspolitik vollständig von den Effekten der französischen Fiskalpolitik abgeschirmt. Dies folgt direkt aus der Gleichgewichtsbedingung für den deutschen Geldmarkt. Dagegen kam es im Grundmodell durch die Aufwertung gegenüber dem Dollar zu negativer Konjunkturübertragung. Im Leitwährungsmodell bremst die Geldmengenausweitung zur Sterilisierung die Aufwertung soweit, daß die Verbesserung der deutschen Handelsbilanz durch das gestiegene französische Sozialprodukt gerade der Verschlechterung durch die Aufwertung entspricht.

Dieses Ergebnis gilt auch, wenn — bei weiterhin konstantem Nominallohn — der Fall des endlich preiselastischen Angebotes betrachtet wird. Das Angebot in Deutschland ist dann allein vom deutschen Preisniveau abhängig, so daß die Geldmenge in Deutschland das Einkommen und das Preisniveau bestimmt. Wenn die deutsche Geldmenge von der deutschen Zentralbank konstant gehalten wird, hat die französische Staatsnachfrageerhöhung weder Einfluß auf das deutsche Sozialprodukt noch auf das deutsche Preisniveau. In Frankreich steigen das Einkommen und das Preisniveau durch die gestiegene Geldmenge zusätzlich, so daß jetzt auch das Gesamteinkommen und das durchschnittliche Preisniveau, die im Grundmodell bei konstantem Nominallohn konstant bleiben, steigen.

Lohnindexierung

Konstante Grenzproduktivität Bei konstanter Grenzproduktivität der Arbeit sind das deutsche und das französische Angebot unendlich preiselastisch zu einem Preisniveau, das über den Nominallohn vom Wechselkurs abhängt. Die Preisniveaus sinken, da die Mark und der Franc gegenüber dem Dollar aufwerten. Bei konstanter Geldmenge in Deutschland heißt das aber, daß auch das deutsche Sozialprodukt steigen muß; es kommt auch bei sehr niedrigem Grad der Lohnindexierung, bei dem im Grundmodell das deutsche Einkommen sinkt, zu positiver Konjunkturübertragung.

Bei vollständiger Lohnindexierung ist die Geldpolitik vollkommen ineffizient, so daß sich die Einkommen im Leitwährungsmodell nicht von denen im Grundmodell ohne Sterilisierung unterscheiden; es ist lediglich die Aufwertung und somit auch das Sinken der Preisniveaus geringer.

Abnehmende Grenzproduktivität Durch die expansive Wirkung der Geldmengenausweitung zur Sterilisierung wird eine negative Konjunkturübertragung der französischen Fiskalpolitik zwar weniger wahrscheinlich, sie ist aber weiterhin möglich. Das wird direkt am Fall der vollständigen Lohnindexierung ($b = 1$) deutlich, in dem es im Grundmodell zu negativer Konjunkturübertragung kommen kann und in dem die Geldmengenerhöhung keine realen Effekte hat.

Im Grundmodell hängt die Entwicklung des deutschen Sozialproduktes bei expansiver Fiskalpolitik in Frankreich in eindeutiger Richtung vom Grad der Lohnindexierung b ab (alle anderen Parameter einschließlich ω_{Q1}^1 seien gegeben): Der Multiplikator für das deutsche Sozialprodukt ist streng monoton wachsend[27] in b. Bei konstantem Nominallohn sinkt das deutsche Einkommen; und je höher der Grad der Lohnindexierung ist, desto höher ist das deutsche Einkommen im neuen Gleichgewicht.

Diese Beziehung gilt nicht mehr, wenn die deutsche Zentralbank die deutsche Geldmenge konstant hält, so daß die Auswirkungen der expansiven Fiskalpolitik Frankreichs von den Effekten der steigenden Gesamtgeldmenge überlagert werden. Im Leitwährungsmodell ist es zum Beispiel im Gegensatz zum Grundmodell möglich, daß mit steigendem Grad der Lohnindexierung b das deutsche Sozialprodukt zunächst steigt und dann wieder fällt. Stattdessen läßt sich im Leitwährungsmodell folgender Zusammenhang über die Effekte der französischen Fiskalpolitik auf das deutsche Einkommen zeigen: Wenn das deutsche Sozialprodukt im Grundmodell bei vollständiger Lohnindexierung ($b = 1$) steigt oder konstant bleibt, dann steigt es im Leitwährungsmodell auch für alle $0 < b < 1$, d.h. sofern nicht der Fall des konstanten Nominallohnes vorliegt, in dem das deutsche Sozialprodukt unverändert bleibt.[28] Das bedeutet insbesondere, daß die Bedingung (*) (vergl. S.91)

$$\frac{T_{P2}^1}{T_e^1} \geq \frac{\nu}{\eta},$$

die im Grundmodell hinreichend für ein steigendes deutsches Sozialprodukt im Fall $b = 1$ ist, im Leitwährungsmodell hinreichend dafür ist, daß bei beweglichem Nominallohn ($b > 0$) das deutsche Sozialprodukt steigt. Wenn die Bedingung (*) erfüllt ist, kann es im Leitwährungsmodell auch im Fall abnehmender Grenzproduktivität der Arbeit *nicht* zu einer negativen Konjunkturübertragung der französischen Fiskalpolitik kommen; das gilt unabhängig vom Grad der Lohnindexierung.

---

[27]Dies folgt aus den Ergebnissen über das Gesamteinkommen und über die Einkommensdifferenz. Vergl. S.87.

[28]Die in diesem Absatz erwähnten Ergebnisse werden in Anhang B.4 gezeigt.

Wenn die Bedingung (*) nicht erfüllt ist, ist aber bei abnehmender Grenzproduktivität der Arbeit eine negative Konjunkturübertragung auch im Leitwährungsmodell möglich. Die Wirkung der realen Aufwertung der Mark gegenüber dem Dollar auf die deutsche Handelsbilanz ist dann so groß, daß das deutsche Sozialprodukt infolge der französischen Fiskalpolitik fällt, obwohl die deutsche Zentralbank die Geldmenge durch expansive Geldpolitik konstant hält.

Fazit zur Konjunkturübertragung

Da im Leitwährungsmodell die französische Fiskalpolitik von einer Ausweitung der Gesamtgeldmenge begleitet wird, steigt das deutsche Sozialprodukt für mehr Parameterkonstellationen als im Grundmodell. Die Sterilisierung schützt Deutschland aber nicht in jedem Fall vor einer negativen Konjunkturübertragung der Fiskalpolitik Frankreichs. Dieses Ergebnis ist zwar plausibel, erscheint aber doch bemerkenswert, da ausgehend vom Modell mit exogen gegebenen Preisniveaus ($b = 0$ und $\omega^1_{Q1} = 0$), in dem die Sterilisierungspolitik Deutschland von der französischen Fiskalpolitik abschirmt, der Fall des endlich preiselastischen Angebots bei Lohnindexierung ($b > 0$ und $\omega^1_{Q1} < 0$) nicht als Kombination der einzelnen Erweiterungen untersucht werden kann. Ändern sich die Preisniveaus nur aufgrund des endlich preiselastischen Angebotes ($b = 0$ und $\omega^1_{Q1} < 0$), gilt weiterhin das Ergebnis der Abschirmung, liegt dagegen Lohnindexierung bei konstanter Grenzproduktivität vor ($b > 0$ und $\omega^1_{Q1} = 0$), kommt es im Leitwährungsmodell stets zu positiver Konjunkturübertragung der Fiskalpolitik. Im Fall des endlich preiselastischen Angebotes bei Lohnindexierung bleibt jedoch die negative Konjunkturübertragung auch im Leitwährungsmodell eine Möglichkeit.

3.4.3 Fiskalpolitik im Leitwährungsland

In diesem Abschnitt werden die Auswirkungen einer expansiven Fiskalpolitik, die Deutschland als Leitwährungsland durchführt, untersucht. Zum Vergleich werden zuvor die Effekte einer deutschen Staatsausgabenerhöhung im Grundmodell zusammengefaßt. Die qualitativen Ergebnisse für Fiskalpolitik in Deutschland sind für beide Modellversionen in Tabelle 3.5 (S. 84) zusammengestellt. Tabelle 3.8 und 3.9 (S. 99) zeigen die Resultate für das französische Sozialprodukt und für die beiden Preisniveaus in Abhängigkeit vom Angebotsverhalten für das Grund- bzw. das Leitwährungsmodell.

Aufgrund der Symmetrieannahmen entsprechen bei einer Erhöhung der Nachfrage nach deutschen Gütern die Ergebnisse im Grundmodell spiegelbildlich denen bei expansiver Fiskalpolitik in Frankreich. Für die Wechselkursunion als Ganzes macht es keinen Unterschied, in welchem Land die

Tabelle 3.8: Expansive Fiskalpolitik in Deutschland — Grundmodell

Qualitative Ergebnisse für das französische Sozialprodukt und für das deutsche und das französische Preisniveau

dY^2	$\omega^1_{Q^1} = 0$	$\omega^1_{Q^1} < 0$
$b = 0$	$-$	$-$
$0 < b < 1$	?	?
$b = 1$	$+$	?

dP^1 dP^2	$\omega^1_{Q^1} = 0$	$\omega^1_{Q^1} < 0$
$b = 0$	0 0	$+$ $-$
$0 < b < 1$	$-$ $-$	? $-$
$b = 1$	$-$ $-$	? $-$

Tabelle 3.9: Expansive Fiskalpolitik in Deutschland — Leitwährungsmodell

Qualitative Ergebnisse für das französische Sozialprodukt und für das deutsche und das französische Preisniveau

dY^2	$\omega^1_{Q^1} = 0$	$\omega^1_{Q^1} < 0$
$b = 0$	$-$	$-$
$0 < b < 1$	?	?
$b = 1$	$+$	?

dP^1 dP^2	$\omega^1_{Q^1} = 0$	$\omega^1_{Q^1} < 0$
$b = 0$	0 0	0 $-$
$0 < b < 1$	$-$ $-$	$-$ $-$
$b = 1$	$-$ $-$	$-$ $-$

Fiskalpolitik durchgeführt wird, während die Differenzen $dY^1 - dY^2$ und $dP^1 - dP^2$ und das Interventionsvolumen dR gerade das umgekehrte Vorzeichen haben. Beispielsweise gilt

$$\left.\frac{dY^1 + dY^2}{dG^1}\right|_G = \left.\frac{dY^1 + dY^2}{dG^2}\right|_G$$

$$\left.\frac{dY^1 - dY^2}{dG^1}\right|_G = - \left.\frac{dY^1 - dY^2}{dG^2}\right|_G$$

und entsprechend

$$\left.\frac{dY^1}{dG^1}\right|_G = \left.\frac{dY^2}{dG^2}\right|_G \quad \text{bzw.} \quad \left.\frac{dY^2}{dG^1}\right|_G = \left.\frac{dY^1}{dG^2}\right|_G .$$

Bei expansiver Fiskalpolitik bleiben also das Gesamteinkommen und das durchschnittliche Preisniveau unverändert, wenn der Nominallohn konstant ist; andernfalls steigt das Gesamteinkommen und das durchschnittliche Preisniveau fällt. Das deutsche Einkommen steigt jedenfalls, während die Entwicklung des französischen Sozialproduktes unbestimmt ist. Bei konstantem Nominallohn fällt das französische Einkommen, und es steigt im Fall vollständiger Lohnindexierung verbunden mit konstanter Grenzproduktivität der Arbeit. Das französische Preisniveau sinkt oder ist konstant, das deutsche Preisniveau kann auch steigen. Es kommt zu einer Aufwertung der Mark und des Franc gegenüber dem Dollar, und durch Devisenmarktinterventionen steigt die Geldmenge in Deutschland und sie sinkt in Frankreich.

Im Leitwährungsmodell läßt die deutsche Zentralbank die Geldmengenerhöhung in Deutschland nicht zu, sondern sterilisiert den Zufluß von Währungsreserven durch entgegengesetzte Geldpolitik.

Eine entsprechende Kombination der Geld- und Fiskalpolitik liegt gegenwärtig (Anfang 1991) in der Bundesrepublik Deutschland vor; die überwiegend kreditfinanzierte Staatsausgabenerhöhung zur Finanzierung der deutschen Einheit wird von einer stabilitätorientierten Geldpolitik der Bundesbank begleitet. In Frankreich und Italien wird die deutsche Politik heftig kritisiert, weil kontraktive Effekte auf die eigene — sich bereits abschwächende — Konjunktur erwartet werden. Die folgende Analyse zeigt, daß diese Ängste nicht unbegründet sind.

Im Leitwährungsmodell überlagern sich die Effekte der expansiven Fiskalpolitik mit der Wirkung der kontraktiven Geldpolitik. Die Sterilisierungspolitik der deutschen Zentralbank läßt die Gesamtgeldmenge in der Wechselkursunion und die französische Geldmenge um

$$- \left.\frac{dR}{dG^1}\right|_{LW} = -2 \left.\frac{dR}{dG^1}\right|_G < 0$$

fallen.

Das Sinken der Gesamtgeldmenge verstärkt die Aufwertung der Unionswährungen gegenüber dem Dollar

$$\left.\frac{de}{dG^1}\right|_{LW} = \left.\frac{de}{dG^1}\right|_G - 2\left.\frac{dR}{dG^1}\right|_G \cdot \left.\frac{de}{d\widetilde{M}^1}\right|_G < 0;$$

und läßt ebenso wie die expansive Fiskalpolitik das durchschnittliche Preisniveau

$$\left.\frac{dP^1 + dP^2}{dG^1}\right|_{LW} = \left.\frac{dP^1 + dP^2}{dG^1}\right|_G - 2\left.\frac{dR}{dG^1}\right|_G \cdot \left.\frac{dP^1 + dP^2}{d\widetilde{M}^1}\right|_G \leq 0;$$

sinken (es sei denn, die Preisniveaus sind exogen gegeben).

Abgesehen vom Fall vollständiger Lohnindexierung ($b = 1$) wirkt die Geldmengensenkung kontraktiv auf die Einkommen in den Unionsländern, so daß es eher zu negativer Konjunkturübertragung kommt als im Grundmodell. Das Gesamteinkommen ändert sich um

$$\left.\frac{dY^1 + dY^2}{dG^1}\right|_{LW} = \left.\frac{dY^1 + dY^2}{dG^1}\right|_G - 2\left.\frac{dR}{dG^1}\right|_G \cdot \left.\frac{dY^1 + dY^2}{d\widetilde{M}^1}\right|_G \gtreqless 0 \quad .$$

Der erste Summand beschreibt die expansive Wirkung der Fiskalpolitik, während der zweite die kontraktive Wirkung der Geldpolitik repräsentiert. Es ist unbestimmt, welcher Effekt überwiegt, im Leitwährungsmodell ist es also möglich, daß das Gesamteinkommen in der Wechselkursunion als Folge von expansiver Fiskalpolitik in Deutschland sinkt. Bei konstantem Nominallohn ist das stets der Fall, da die Fiskalpolitik das Gesamteinkommen unverändert läßt, so daß es aufgrund der kontraktiven Geldpolitik sinkt. Die Aufwertung gegenüber dem Dollar ist dann so stark, daß in den Unionsländern mehr Nachfrage verdrängt wird, als der ursprüngliche Fiskalimpuls ausmachte. Dagegen hat bei vollständiger Lohnindexierung die Geldpolitik keinen Einfluß auf die Einkommen und die Fiskalpolitik erhöht das Gesamteinkommen.

Die Entwicklung der Einkommensdifferenz und des relativen Preises P^1/P^2 werden von der Geldpolitik nicht beeinflußt und unterscheiden sich deshalb nicht von den entsprechenden Größen im Grundmodell.

Das deutsche Sozialprodukt ist bei expansiver Fiskalpolitik in Deutschland — außer bei vollständiger Lohnindexierung — im Leitwährungsmodell niedriger als im Grundmodell, da zur Sterilisierung kontraktive Geldpolitik durchgeführt wird. Es läßt sich aber zeigen, daß es — abgesehen vom Fall des konstanten Nominallohnes, in dem es konstant bleibt — steigt (siehe Anhang

B.2). Da die deutsche Geldmenge konstant ist, bedeutet dies, daß das deutsche Preisniveau sinkt oder unverändert bleibt, während es im Grundmodell auch steigen konnte. Das französische Preisniveau ist konstant oder sinkt stärker als das deutsche. Das französische Einkommen kann steigen oder fallen, genaueres kann wiederum nur in Abhängigkeit vom Angebotsverhalten gesagt werden (siehe Tabelle 3.9 S.99).

Konstanter Nominallohn

Bei exogen gegebenem Preisniveau folgt aus dem Geldmarktgleichgewicht, daß bei unveränderter Geldmenge in Deutschland dort auch das Einkommen konstant bleibt. Dasselbe gilt bei konstantem Nominallohn und endlich preiselastischem Güterangebot, da auch dann bei einem Anstieg des Sozialproduktes die nominale Geldnachfrage steigen muß. Wie bei einer Staatsausgabenerhöhung in Frankreich ändert sich das deutsche Sozialprodukt auch bei Fiskalpolitik in Deutschland im Leitwährungmodell nicht, solange der Nominallohn nicht auf den Wechselkurs reagiert.

Schon im Grundmodell kommt es bei konstantem Nominallohn zu einer negativen Konjunkturübertragung, die durch die kontraktive Geldpolitik verstärkt wird. Die französische Handelsbilanz verschlechtert sich durch die Aufwertung; dem steht kein expansiver Impuls gegenüber, da das deutsche Einkommen und somit die deutsche Importnachfrage konstant bleiben. Wenn das Güterangebot endlich preiselastisch ist, sinkt das französische Preisniveau mit dem Sozialprodukt, während das Preisniveau in Deutschland unverändert bleibt.

Abgesehen von der Aufwertung und vom Aufwertungsdruck der Mark gegenüber dem Franc führt die expansive Fiskalpolitik in Deutschland im Leitwährungsmodell ausschließlich zu einem sinkenden Einkommen in Frankreich und eventuell zu einem dort fallenden Preisniveau. Für Deutschland gilt das Ergebnis MUNDELLs (1963) für ein kleines Land mit flexiblem Wechselkurs, daß Fiskalpolitik vollkommen ineffizient ist. Die deutsche Handelbilanz verschlechtert sich genau in dem Ausmaß des Fiskalimpulses, und zwar durch die Aufwertung gegenüber dem Dollar und infolge des gesunkenen französischen Einkommens.

Lohnindexierung

Wenn dagegen die Nominallöhne auf die Aufwertung reagieren, steigt das deutsche Einkommen bei expansiver Fiskalpolitik in Deutschland auch im Leitwährungsmodell, und die Preisniveaus sinken in beiden Unionsländern. Für das französische Sozialprodukt gelten qualitativ die gleichen Resultate wie im Grundmodell. Bei vollständiger Lohnindexierung hat die Geldmenge keinen Einfluß auf die Einkommen, so daß das Ergebnis der positiven Konjunkturübertragung für $b = 1$ und $\omega^1_{Q^1} = 0$ erhalten bleibt. Die unbestimmten Ergebnisse bei unvollständiger Lohnindexierung ($0 < b < 1$) bzw. bei vollständiger Lohnindexierung und endlich preiselastischem Güterangebot ($\omega^1_{Q^1} < 0$) ändern sich nicht. Außer im Fall vollständiger Lohnindexierung ist das französische Einkommen im Leitwährungsmodell aber niedriger als im Grundmodell; es sinkt also für mehr Parameterkonstellationen als im Grundmodell.

3.5 Zusammenfassung und Fazit

In diesem Kapitel wurden die Auswirkungen von Geld- und Fiskalpolitik in einer Wechselkursunion untersucht. Dabei zeigt sich, daß der gemeinsame Wechselkurs nach außen einen wichtigen Transmissionskanal für die Übertragung von Störungen zwischen den Unionsländern bildet. Eine Veränderung des gemeinsamen Dollarkurses, die in der Politik eines der Unionsländer ihre Ursache hat, betrifft beide Länder der Wechselkursunion gleichermaßen.

In der Analyse wurde zwischen einem Grundmodell, in dem Devisenmarktinterventionen entgegengesetzte Liquiditätswirkungen in den Unionsländern haben, und dem Leitwährungsmodell, in dem ein Land Devisenmarktinterventionen vollständig sterilisiert und seine Geldmenge kontrollieren kann, unterschieden. Das Grundmodell beschreibt das Europäische Währungssystem in seiner ursprünglichen Konzeption; dieses hat sich aber zu einem asymmetrischen System mit der Bundesrepublik als Leitwährungsland entwickelt.

Außerdem wurden zwischen verschiedenen Annahmen über das Angebotsverhalten, d.h. über die Nominallohnbeweglichkeit und über die Grenzproduktivität der Arbeit, differenziert. Die Reaktion des Nominallohnes auf Änderungen des Konsumentenpreisindex, in den über die Importpreise auch der Wechselkurs eingeht, kann dabei im Zeitverlauf interpretiert werden. Kurzfristig liegt aufgrund von Tarifverträgen Nominallohnstarrheit vor; nach und nach wird neu verhandelt, und mittelfristig kann von einem konstanten Reallohn ausgegangen werden. Unter diesem Aspekt der informellen Lohnindexierung sollen einige Ergebnisse noch einmal zusammengefaßt werden.

Eine Geldmengenerhöhung (die im Leitwährungsmodell nur vom Leitwährungsland durchgeführt werden kann) induziert eine Abwertung der Währungen der Wechselkursunion gegenüber dem Dollar, die die Handelsbilanzen verbessert und die Einkommen in beiden Unionsländern steigen läßt. Durch die Abwertung steigt aber der Konsumentenpreisindex, so daß im Zeitverlauf die Nominallöhne steigen. Nach Anpassung der Löhne resultiert in beiden Unionsländern nur noch ein gestiegenes Preisniveau.

Eine expansive Fiskalpolitik in einem Unionsland führt dagegen zu einer Aufwertung der Unionswährungen, die die Handelsbilanzen beider Länder verschlechtert. Im zweiten Land stehen sich also die erhöhte Exportnachfrage aus dem expandierenden Land und die Verdrängung von Nachfrage durch die Aufwertung gegenüber, und es ist unbestimmt, welcher Effekt überwiegt. Kurzfristig kommt es zu einer negativen Konjunkturübertragung durch die Aufwertung, die zunächst nur kontraktiv auf die Güternachfrage wirkt. Sobald aber auf der Angebotsseite die Kostenentlastung der Aufwertung wirksam wird, d.h. sobald der gesunkene — bzw. in einer inflationären Welt der schwächer gestiegene — Konsumentenpreisindex in die Lohnabschlüsse eingeht, ist auch eine positive Konjunkturübertragung möglich. Wenn konstante Grenzproduktivität der Arbeit vorliegt, steigen mittelfristig die Einkommen in beiden Unionsländern; andernfalls ist auch nach erfolgter Lohnanpassung eine im Ergebnis kontraktive Wirkung der Fiskalpolitik auf das Einkommen im Partnerland nicht ausgeschlossen.

Im Leitwährungsmodell werden diese Effekte der Fiskalpolitik von der Geldpolitik, die die deutsche Zentralbank zur Sterilisierung durchführt, überlagert. Bei einer expansiven Fiskalpolitik in Frankreich wird die Gesamtgeldmenge in der Wechselkursunion erhöht, so daß es eher zu einer positiven Konjunkturübertragung kommt. Kurzfristig ist Deutschland durch die Sterilisierungspolitik von den Effekten der Fiskalpolitik abgeschirmt. Wenn die Staatsnachfrage dagegen in Deutschland steigt, wird sie von kontraktiver Geldpolitik der deutschen Zentralbank begleitet, die kurzfristig kontraktive Effekte hat und das französische Einkommen zusätzlich sinken läßt.

Festzuhalten ist aber, daß mittelfristig die Wirkung der Fiskalpolitik auf die Sozialprodukte in den Unionsländern im Grundmodell mit symmetrischem Interventionsmechanismus und im Leitwährungsmodell gleich sind, da nach Anpassung der Löhne die Geldmenge nur noch Einfluß auf die Preisniveaus hat. Entsprechend ist auch das Leitwährungsland nur kurzfristig von den Effekten einer Fiskalpolitik im anderen Unionsland abgeschirmt, und es kann sich auch nicht in jedem Fall vor einer negativen Konjunkturübertragung schützen.

Es bleibt also offen, ob eine Fiskalpolitik in einer Wechselkursunion eine „Lokomotivenpolitik“ oder „beggar-my-neighbour-policy“ darstellt; kurzfristig ist von negativer Konjunkturübertragung auszugehen. Die Befürchtungen Frankreichs und Italiens, daß sie von der derzeitigen bondfinanzierten Staatsausgabenerhöhung in der Bundesrepublik, die mit geldmengenorientierter Politik der Bundesbank verbunden ist, negativ betroffen werden, wird von dem Modell also gestützt.

Anhang A

Zu Kapitel 2

A.1 Die Transformationen der Methode von AOKI am Beispiel des Portfoliomodells

In diesem Anhang werden die beiden Transformationen der AOKI-Methode, nämlich erstens der Übergang zu einer neuen Menge von endogenen Variablen und zweitens das Bilden von Summen und Differenzen analoger Gleichungen über die beiden Unionsländer, für das Portfoliomodell des Kapitel 2 explizit durchgeführt.[1] Die Symmetrieannahmen werden erst am Ende berücksichtigt, so daß das Zusammenspiel zwischen der Symmetrie und der AOKI-Methode deutlich wird.

Für das Grundmodell und für das Leitwährungsmodell werden die gleichen Transformationen durchgeführt und die Gleichungssysteme unterscheiden sich nur wenig, so daß beide Fälle zusammen dargestellt werden können. Das folgende Gleichungssystem beschreibt für $\beta = 0$ das Grundmodell und für $\beta = 1$ das Leitwährungsmodell (vergleiche Tabelle 2.2 auf Seite 30 bzw. Tabelle 2.4 auf Seite 36).

$$\begin{pmatrix} m_{r_B} & m_{r_H} & m_e & -1+\beta \\ n_{r_B} & n_{r_H} & n_e & 1 \\ b_{r_B} & b_{r_H} & b_e & 0-\beta \\ h_{r_B} & h_{r_H} & h_e & 0 \end{pmatrix} \begin{pmatrix} dr_B \\ dr_H \\ de \\ dR \end{pmatrix} = \begin{pmatrix} d\widetilde{M} - \alpha_M \\ d\widetilde{N} - \alpha_N \\ d\widetilde{B} - \alpha_B \\ dH - \alpha_H \end{pmatrix}$$

Abkürzend wird $Ax = b$ geschrieben, wobei A die Koeffizientenmatrix, x der Vektor der endogenen Variablen und b der Vektor der exogenen Störungen ist.

[1] Vergleiche die allgemeine Beschreibung der AOKI-Methode in der Einführung (Abschnitt 1.4.3 auf Seite 16) und den entsprechenden Abschnitt 2.2.6 (Seite 31) in Kapitel 2.

Im einzelnen besteht die AOKI-Methode aus den folgenden Transformationen:

1. Statt der endogenen Variablen

$$x = \begin{pmatrix} dr_B \\ dr_H \\ de \\ dR \end{pmatrix} \text{ werden die Variablen } z = \begin{pmatrix} de \\ dr_B + dr_H \\ dr_B - dr_H \\ dR \end{pmatrix} \text{ bestimmt,}$$

d.h. statt der einzelnen Zinssätze werden die Summe und die Differenz betrachtet.

Für die reguläre Matrix

$$B = \begin{pmatrix} 0 & \frac{1}{2} & \frac{1}{2} & 0 \\ 0 & -\frac{1}{2} & \frac{1}{2} & 0 \\ 1 & 0 & 0 & 0 \\ 0 & 0 & 0 & 1 \end{pmatrix}$$

gilt $Bz = x$, eingesetzt in $Ax = b$ ergibt sich das äquivalente Gleichungssystem

$$ABz = b.$$

2. Statt der Gleichungen für die einzelnen Geld- und Bondmärkte werden die Summe der Gleichgewichtsbedingungen für den deutschen und den französischen Geldmarkt und die Summe der Gleichgewichtsbedingungen für die beiden Bondmärkte und die entsprechenden Differenzen verwendet. Dies leistet die reguläre Matrix C:

$$CAx = Cb,$$

mit

$$C = \begin{pmatrix} 1 & 1 & 0 & 0 \\ 0 & 0 & 1 & 1 \\ 1 & -1 & 0 & 0 \\ 0 & 0 & 1 & -1 \end{pmatrix}.$$

Bei dieser Transformation ändert sich auch der Vektor der exogenen Störungen; hier wird ebenfalls zu den Summen und den Differenzen übergegangen.

Wenn beide Transformationen angewandt werden, ergibt sich das zum ursprünglichen Gleichungssystem $Ax = b$ äquivalente Gleichungssystem

$$CABz = Cb.$$

Es gilt

$$Cb = \begin{pmatrix} d\widetilde{M} + d\widetilde{N} - (\alpha_M + \alpha_N) \\ d\widetilde{B} + dH - (\alpha_B + \alpha_H) \\ d\widetilde{M} - d\widetilde{N} - (\alpha_M - \alpha_N) \\ d\widetilde{B} - dH - (\alpha_B - \alpha_H) \end{pmatrix},$$

und

$$CAB =$$

$$\begin{pmatrix} m_e + n_e & {}^1/_2(m_{r_B} + m_{r_H} + n_{r_B} + n_{r_H}) & {}^1/_2(m_{r_B} - m_{r_H} + n_{r_B} - n_{r_H}) & \beta \\ b_e + h_e & {}^1/_2(b_{r_B} + b_{r_H} + h_{r_B} + h_{r_H}) & {}^1/_2(b_{r_B} - b_{r_H} + h_{r_B} - h_{r_H}) & -\beta \\ m_e - n_e & {}^1/_2(m_{r_B} + m_{r_H} - n_{r_B} - n_{r_H}) & {}^1/_2(m_{r_B} - m_{r_H} - n_{r_B} + n_{r_H}) & -2 + \beta \\ b_e - h_e & {}^1/_2(b_{r_B} + b_{r_H} - h_{r_B} - h_{r_H}) & {}^1/_2(b_{r_B} - b_{r_H} - h_{r_B} + h_{r_H}) & -\beta \end{pmatrix}$$

Da $\det C = 4$ und $\det B = {}^1/_2$ ist, gilt für die Systemdeterminante

$$\begin{aligned} \det CAB &= \det C \cdot \det A \cdot \det B \\ &= 2 \det A. \end{aligned}$$

Wenn die Symmetrieannahmen

$$\begin{array}{lll} m_{r_B} = n_{r_H} & m_{r_H} = n_{r_B} & m_e = n_e \\ b_{r_B} = h_{r_H} & b_{r_H} = h_{r_B} & b_e = h_e \end{array}$$

berücksichtigt werden, vereinfacht sich die Matrix zu

$$CAB = \begin{pmatrix} m_e + n_e & m_{r_B} + n_{r_B} & 0 & \beta \\ b_e + h_e & b_{r_B} + h_{r_B} & 0 & -\beta \\ 0 & 0 & m_{r_B} - n_{r_B} & -2 + \beta \\ 0 & 0 & b_{r_B} - h_{r_B} & -\beta \end{pmatrix}.$$

Im Grundmodell mit symmetrischem Interventionsmechanismus, d.h. für $\beta = 0$, zerfällt das Gleichungssystem $CABz = Cb$ in die beiden unabhängigen Gleichungssysteme (vergleiche Tabelle 2.3 auf Seite 33)

$$\begin{pmatrix} m_e + n_e & m_{r_B} + n_{r_B} \\ b_e + h_e & b_{r_B} + h_{r_B} \end{pmatrix} \begin{pmatrix} de \\ dr_B + dr_H \end{pmatrix} = \begin{pmatrix} d\widetilde{M} + d\widetilde{N} - (\alpha_M + \alpha_N) \\ dB + dH - (\alpha_B + \alpha_H) \end{pmatrix}$$

und

$$\begin{pmatrix} m_{r_B} - n_{r_B} & -2 \\ b_{r_B} - h_{r_B} & 0 \end{pmatrix} \begin{pmatrix} dr_B - dr_H \\ dR \end{pmatrix} = \begin{pmatrix} d\widetilde{M} - d\widetilde{N} - (\alpha_M - \alpha_N) \\ dB - dH - (\alpha_B - \alpha_H) \end{pmatrix}.$$

Für das Leitwährungsmodell, in dem die Symmetrie des Assetangebotes aufgehoben ist, d.h. für $\beta = 1$, entsteht das in Tabelle 2.5 auf Seite 36 angegebene Gleichungssystem

$$\begin{pmatrix} m_e + n_e & m_{r_B} + n_{r_B} & 0 & 1 \\ b_e + h_e & b_{r_B} + h_{r_B} & 0 & -1 \\ 0 & 0 & m_{r_B} - n_{r_B} & -1 \\ 0 & 0 & b_{r_B} - h_{r_B} & -1 \end{pmatrix} \begin{pmatrix} de \\ dr_B + dr_H \\ dr_B - dr_H \\ dR \end{pmatrix} =$$

$$\begin{pmatrix} d\widetilde{M} + d\widetilde{N} - (\alpha_M + \alpha_N) \\ d\widetilde{B} + dH - (\alpha_B + \alpha_H) \\ d\widetilde{M} - d\widetilde{N} - (\alpha_M - \alpha_N) \\ d\widetilde{B} - dH - (\alpha_B - \alpha_H) \end{pmatrix}.$$

A.2 Stabilitätsanalyse des Portfoliomodells

In diesem Anhang wird die Stabilität — genauer gesagt die lokale Stabilität — des Portfoliomodells aus Kapitel 2 betrachtet, d.h. es wird gezeigt, daß das System bei „kleinen" Abweichungen von den Gleichgewichtswerten zum Gleichgewicht zurückkehrt. Die Technik der Stabilitätsanalyse im Zusammenhang mit der komparativen Statik ist in GANDOLFO (1971, S.350ff.) erklärt.

Zunächst sei das Grundmodell betrachtet, für das die folgenden Annahmen über die Anpassungsprozesse getroffen werden:

$$\frac{dr_B}{dt} = c_1(B - b)$$

$$\frac{dr_H}{dt} = c_2(H - h)$$

$$\frac{de}{dt} = c_3(f - eF)$$

$$\frac{dR}{dt} = c_4((m - M) - (n - N)) = c_4((m - n) - (\widetilde{M} - \widetilde{N}) - 2R)$$

Dabei sind c_1, c_2, c_3 und c_4 positive Konstante.

Die lokale Stabilität folgt aus der Stabilität des um das Gleichgewicht linearisierten Differentialgleichungssystems, die wiederum äquivalent dazu ist, daß die Eigenwerte der folgenden Matrix negativen Realteil haben:

$$\begin{pmatrix} -c_1 b_{r_B} & -c_1 b_{r_H} & -c_1 b_e & 0 \\ -c_2 h_{r_B} & -c_2 h_{r_H} & -c_2 h_e & 0 \\ c_3 f_{r_B} & c_3 f_{r_H} & c_3(f_e - F) & 0 \\ c_4(m_{r_B} - n_{r_B}) & c_4(m_{r_H} - n_{r_H}) & c_4(m_e - n_e) & -c_4 2 \end{pmatrix}$$

Aufgrund der Bruttosubstitutionsbeziehungen zwischen den einzelnen Vermögensarten erfüllt diese Matrix das Kriterium der quasidominanten negativen Diagonalen, das eine hinreichende Bedingung dafür angibt, daß alle Eigenwerte einen negativen Realteil haben (vergleiche GANDOLFO 1971, S.267, Gleichung 8.37'). Somit ist die lokale Stabilität des Grundmodells gesichert.

Im Leitwährungsmodell ist zu berücksichtigen, daß die deutsche Geldmenge exogen, aber dafür das Angebot an deutschen Staatsschuldtiteln endogen ist. Deshalb gilt für die Anpassung des deutschen Zinssatzes und für die Währungsreserven:

$$\frac{dr_B}{dt} = c_1(B - b) = c_1(\widetilde{B} + R - b)$$

$$\frac{dR}{dt} = c_4((m - n) - (\widetilde{M} - \widetilde{N}) - R).$$

Die Anpassung des französischen Zinssatzes und des Wechselkurses unterscheidet sich nicht vom Grundmodell:

$$\frac{dr_H}{dt} = c_2(H - h)$$

$$\frac{de}{dt} = c_3(f - eF).$$

Für die Stabilität des Leitwährungsmodells ist die folgende Matrix zu untersuchen:

$$\begin{pmatrix} -c_1 b_{r_B} & -c_1 b_{r_H} & -c_1 b_e & c_1 \\ -c_2 h_{r_B} & -c_2 h_{r_H} & -c_2 h_e & 0 \\ c_3 f_{r_B} & c_3 f_{r_H} & c_3(f_e - F) & 0 \\ c_4(m_{r_B} - n_{r_B}) & c_4(m_{r_H} - n_{r_H}) & c_4(m_e - n_e) & -c_4 \end{pmatrix}$$

Auch diese Matrix erfüllt die Bedingung der quasidominanten negativen Diagonalen, so daß auch das Leitwährungsmodell als stabil gelten kann.

Anhang B

Zu Kapitel 3

B.1 Güterangebot bei konstanter Grenzproduktivität

In diesem Anhang werden die Aussagen über das gesamtwirtschaftliche Angebot bei konstanter Grenzproduktivität der Arbeit in beiden Unionsländern (S.66f.) gezeigt. Im betrachteten Ausgangsgleichgewicht sind alle Preisniveaus, der Wechselkurs gegenüber dem Dollar und der Lohnsatz auf Eins normiert. Bei konstanter Grenzproduktivität der Arbeit ist der Reallohn aus Unternehmersicht also konstant gleich Eins. Die Gleichungen über das Angebotsverhalten in Deutschland und Frankreich lauten dann

$$1 = \frac{I^1}{P^1} = (P^1)^{(\mu_1 b_1 - 1)} (P^2)^{\nu_1 b_1} (e)^{\eta_1 b_1}$$

$$1 = \frac{I^2}{P^2} = (P^2)^{(\mu_2 b_2 - 2)} (P^1)^{\nu_2 b_2} (e)^{\eta_2 b_2}.$$

Aus diesen beiden Gleichungen lassen sich P^1 und P^2 als Funktionen des Wechselkurses e berechnen:[1]

$$P^1 = P^1(e) = (e)^{\theta_1}, \qquad P^2 = P^2(e) = (e)^{\theta_2}$$

mit

$$\theta_1 = \frac{\eta_1 b_1 (1 - \mu_2 b_2) + \eta_2 b_2 \nu_1 b_1}{(1 - \mu_1 b_1)(1 - \mu_2 b_2) - \nu_1 b_1 \nu_2 b_2}$$

[1] Das ist durch Einsetzen möglich; einfacher ist aber, die Gleichungen zu logarithmieren und das entstehende lineare Gleichungssystem zu lösen.

$$\theta_2 = \frac{\eta_2 b_2(1-\mu_1 b_1) + \eta_1 b_1 \nu_2 b_2}{(1-\mu_1 b_1)(1-\mu_2 b_2) - \nu_1 b_1 \nu_2 b_2} \quad .$$

Wenn in die Terme für θ_1 und θ_2 für

$$1 - \mu_1 b_1 = 1 - b_1 + \nu_1 b_1 + \eta_1 b_1 \qquad \text{bzw.}$$

$$1 - \mu_2 b_2 = 1 - b_2 + \nu_2 b_2 + \eta_2 b_2$$

eingesetzt wird, folgt direkt, daß

$$0 \leq \theta_1 \leq 1 \qquad \text{und} \qquad 0 \leq \theta_2 \leq 1 \qquad \text{gilt.}$$

Weiterhin gilt

$$P_e^1(e) = \theta_1(e)^{\theta_1 - 1} = \theta_1 \qquad \text{für} \qquad e = 1$$

$$P_e^2(e) = \theta_2(e)^{\theta_2 - 2} = \theta_2 \qquad \text{für} \qquad e = 1.$$

Im Ausgangsgleichgewicht ist also

$$0 \leq P_e^1, P_e^2 \leq 1.$$

Für vollständige Lohnindexierung in beiden Ländern, d.h. für $b_1 = b_2 = 1$, folgt, daß $\theta_1 = \theta_2 = 1$ und somit

$$P^1 = P^2 = e \qquad \text{ist.}$$

Unter den Symmetrieannahmen

$$\mu_1 = \mu_2 \quad \nu_1 = \nu_2, \quad \eta_1 = \eta_2 \quad \text{und} \quad b_1 = b_2$$

gilt schließlich $\theta_1 = \theta_2$, so daß stets

$$P^1(e) = P^2(e)$$

folgt.

B.2 Beispiele für Multiplikatoren bei Fiskalpolitik

Die Auswirkungen der Fiskalpolitik wurden im Grundmodell anhand einer französischen Staatsausgabenerhöhung analysiert (Abschnitt 3.4.1); im Leitwährungsmodell mußte unterschieden werden, ob die Staatsnachfrage in Deutschland oder in Frankreich steigt (Abschnitt 3.4.2 bzw. 3.4.3). Die Herleitung der Ergebnisse für die einzelnen Einkommen und Preisnivaus, die aus den Resultaten für die Summen und Differenzen nicht direkt folgen, wurde dabei nicht dargestellt. Als Beispiele werden in diesem Anhang jeweils die Multiplikatoren für das deutsche Sozialprodukt berechnet und ausgewertet.

a) Fiskalpolitik in Frankreich — Grundmodell

Entwicklung des deutschen Einkommens:

$$\begin{aligned}
\left.\frac{dY^1}{dG^2}\right|_G &= \frac{1}{2}\left(\left.\frac{dY^1+dY^2}{dG^2}\right|_G - \left.\frac{dY^1-dY^2}{dG^2}\right|_G\right) \\
&= \frac{1}{\Gamma_1}L^1\eta b - \frac{1}{\Gamma_2}(1-\mu b+\nu b) \\
&= \frac{1}{\Gamma_1\Gamma_2}[\Gamma_2 L^1\eta b - \Gamma_1(1-\mu b+\nu b)] \\
&= \frac{1}{\Gamma_1\Gamma_2}[2L^1\eta b(s_1+m_1+m_{21})(1-\mu b+\nu b) \\
&\quad - 2L^1\eta b\omega^1_{Q^1}(T^2_{P^1}-T^1_{P^1}) \\
&\quad - 2L^1_{Y^1}T^1_e(1-b)(1-\mu b+\nu b) \\
&\quad - 2L^1\eta b(s_1+m_1-m_{21})(1-\mu b+\nu b) \\
&\quad + 2L^1\omega^1_{Q^1}T^1_e(1-\mu b+\nu b)] \\
&= \frac{1}{\Gamma_1\Gamma_2}[4L^1\eta b m_{21}(1-\mu b+\nu b) \\
&\quad - 2L^1\eta b\omega^1_{Q^1}(T^2_{P^1}-T^1_{P^1}) \\
&\quad - 2L^1_{Y^1}T^1_e(1-b)(1-\mu b+\nu b) \\
&\quad + 2L^1\omega^1_{Q^1}T^1_e(1-\mu b+\nu b)]
\end{aligned}$$

Die ersten beiden Summanden sind größer oder gleich Null, der dritte und der vierte Summand sind kleiner oder gleich Null. Für $b=0$ fallen die ersten beiden Summanden weg, so daß der Ausdruck negativ ist. Für $b=1$ und $\omega^1_{Q^1}=0$ ist nur der erste Summand ungleich Null, so daß der Ausdruck positiv ist. Andernfalls kann aus den Voraussetzungen nicht geschlossen werden, welches Vorzeichen der Multiplikator hat.

Im Fall vollständiger Lohnindexierung, d.h. für $b = 1$, gilt:

$$\begin{aligned}
\left.\frac{dY^1}{dG^2}\right|_G &= \frac{1}{\Gamma_1\Gamma_2}[4L^1\eta m_{21}(1-\mu+\nu) \\
&\quad - 2L^1\omega^1_{Q^1}\eta(T^2_{P^1} - T^1_{P^1}) \\
&\quad + 2L^1\omega^1_{Q^1}T^1_e(1-\mu+\nu)] \\
&= \frac{1}{\Gamma_1\Gamma_2}[4L^1\eta m_{21}(1-\mu+\nu) \\
&\quad - 2L^1\omega^1_{Q^1}(\eta(T^2_{P^1} - T^1_{P^1}) - T^1_e(1-\mu+\nu))]
\end{aligned}$$

Der erste Summand ist positiv. Das Vorzeichen des zweiten Summanden ist unbestimmt; er hat das gleiche Vorzeichen wie der Ausdruck

$$\eta(T^2_{P^1} - T^1_{P^1}) - T^1_e(1-\mu+\nu)$$

und es gilt

$$0 < \eta < 1 - \mu + \nu \quad \text{und} \quad T^2_{P^1} - T^1_{P^1} > T^1_e > 0\,.$$

Es gilt aber

$$\begin{aligned}
&\eta(T^2_{P^1} - T^1_{P^1}) - T^1_e(1-\mu+\nu) \\
= \;&\eta(T^2_{P^1} + T^2_{P^1} + T^1_e) - T^1_e(\eta + 2\nu) \\
= \;&2T^2_{P^1}\eta - 2\nu T^1_e \geq 0
\end{aligned}$$

$$\Longleftrightarrow \quad \frac{T^2_{P^1}}{T^1_e} \geq \frac{\nu}{\eta} \qquad (*)$$

Die Bedingung (*) ist also hinreichend dafür, daß der Multiplikator für $b = 1$ positiv ist.

b) Fiskalpolitik in Frankreich — Leitwährungsmodell

Entwicklung des deutschen Einkommens:[2]

$$
\begin{aligned}
\left.\frac{dY^1}{dG^2}\right|_{LW} &= \frac{1}{2}\left(\left.\frac{dY^1+dY^2}{dG^2}\right|_{LW} - \left.\frac{dY^1-dY^2}{dG^2}\right|_{LW}\right) \\
&= \frac{1}{2}\left(\left.\frac{dY^1+dY^2}{dG^2}\right|_{G} - \left.\frac{dY^1-dY^2}{dG^2}\right|_{G}\right. \\
&\quad \left. - 2\left.\frac{dR}{dG^2}\right|_{G}\left.\frac{dY^1+dY^2}{d\widetilde{M}^1}\right|_{G}\right) \\
&= \frac{1}{\Gamma_1}L^1\eta b - \frac{1}{\Gamma_2}(1-\mu b+\nu b) \\
&\quad - \frac{2}{\Gamma_1\Gamma_2}(L^1\omega^1_{Q^1} - L^1_{Y^1}(1-\mu b+\nu b))(T^1_e(1-b)) \\
&= \frac{1}{\Gamma_1\Gamma_2}[2L^1\eta b(s_1+m_1+m_{21})(1-\mu b+\nu b) \\
&\quad - 2L^1\eta b\omega^1_{Q^1}(T^2_{P^1}-T^1_{P^1}) \\
&\quad - 2L^1_{Y^1}T^1_e(1-b)(1-\mu b+\nu b) \\
&\quad - 2L^1\eta b(s_1+m_1-m_{21})(1-\mu b+\nu b) \\
&\quad + 2L^1\omega^1_{Q^1}T^1_e(1-\mu b+\nu b) \\
&\quad - 2L^1\omega^1_{Q^1}T^1_e(1-b) \\
&\quad + 2L^1_{Y^1}T^1_e(1-b)(1-\mu b+\nu b)] \\
&= \frac{1}{\Gamma_1\Gamma_2}[4L^1\eta b m_{21}(1-\mu b+\nu b) \\
&\quad - 2L^1 b\omega^1_{Q^1}\eta(T^2_{P^1}-T^1_{P^1}) \\
&\quad + 2L^1 b\omega^1_{Q^1}T^1_e(1-\mu+\nu)]
\end{aligned}
$$

Die ersten beiden Summanden sind größer oder gleich Null, der dritte ist kleiner oder gleich Null. Für $b = 0$ ist der Multiplikator gleich Null. Für $\omega^1_{Q^1} = 0$ und $b > 0$ ist der Multiplikator positiv. Andernfalls ist das Vorzeichen unbestimmt. Hinreichend dafür, daß der Multiplikator für $b > 0$ positiv ist, ist die Bedingung (*), weil dann

$$\eta(T^2_{P^1} - T^1_{P^1}) - T^1_e(1-\mu+\nu) > 0$$

gilt, so daß die Summe des zweiten und des dritten Summanden positiv ist (vergl. S.114).

[2]Die Abhängigkeit des Multiplikators von b wird in Anhang B.4 genauer betrachtet.

c) Fiskalpolitik in Deutschland — Leitwährungsmodell

Entwicklung des deutschen Einkommens:

$$
\begin{aligned}
\left.\frac{dY^1}{dG^1}\right|_{LW} &= \frac{1}{2}\left(\left.\frac{dY^1+dY^2}{dG^1}\right|_{LW} + \left.\frac{dY^1-dY^2}{dG^1}\right|_{LW}\right) \\
&= \frac{1}{2}\left(\left.\frac{dY^1+dY^2}{dG^1}\right|_{G} + \left.\frac{dY^1-dY^2}{dG^1}\right|_{G}\right. \\
&\quad \left. -2\left.\frac{dR}{dG^1}\right|_{G}\left.\frac{dY^1+dY^2}{d\widetilde{M}^1}\right|_{G}\right) \\
&= \frac{1}{\Gamma_1}L^1\eta b + \frac{1}{\Gamma_2}(1-\mu b+\nu b) \\
&\quad + \frac{2}{\Gamma_1\Gamma_2}(L^1\omega^1_{Q^1} - L^1_{Y^1}(1-\mu b+\nu b))(T^1_e(1-b)) \\
&= \frac{1}{\Gamma_1\Gamma_2}[2L^1\eta b(s_1+m_1+m_{21})(1-\mu b+\nu b) \\
&\quad - 2L^1\eta b\omega^1_{Q^1}(T^2_{P^1}-T^1_{P^1}) \\
&\quad + 2L^1_{Y^1}T^1_e(1-b)(1-\mu b+\nu b) \\
&\quad + 2L^1\eta b(s_1+m_1-m_{21})(1-\mu b+\nu b) \\
&\quad - 2L^1\omega^1_{Q^1}T^1_e(1-\mu b+\nu b) \\
&\quad + 2L^1\omega^1_{Q^1}T^1_e(1-b) \\
&\quad - 2L^1_{Y^1}T^1_e(1-b)(1-\mu b+\nu b)] \\
&= \frac{1}{\Gamma_1\Gamma_2}[2L^1\eta b(s_1+m_1+m_{21})(1-\mu b+\nu b) \\
&\quad - 2L^1\eta b\omega^1_{Q^1}(T^2_{P^1}-T^1_{P^1}) \\
&\quad + 2L^1\eta b(s_1+m_1-m_{21})(1-\mu b+\nu b) \\
&\quad - 2L^1\omega^1_{Q^1}T^1_e b(1-\mu+\nu)]
\end{aligned}
$$

Alle vier Summanden des endgültigen Ausdruckes sind positiv oder gleich Null.

B.3 Wechselkursentwicklung bei Fiskalpolitik im Leitwährungsmodell

Bei expansiver Fiskalpolitik in Frankreich führt die deutsche Zentralbank im Leitwährungsmodell zur Sterilisierung der obligatorischen Devisenmarktinterventionen expansive Geldpolitik durch. Die Fiskalpolitik bewirkt eine Aufwertung des Franc und der Mark gegenüber dem Dollar, während die Geldpolitik für sich betrachtet eine Abwertung zur Folge hat. A priori ist nicht bestimmt, welcher Effekt überwiegt. In diesem Anhang wird der entsprechende Multiplikator für den Wechselkurs angegeben und die auf Seite 95 aufgeführten Ergebnisse gezeigt.

$$
\begin{aligned}
\left.\frac{de}{dG^2}\right|_{LW} &= \left.\frac{de}{dG^2}\right|_G - 2\left.\frac{dR}{dG^2}\right|_G \cdot \left.\frac{de}{\widetilde{M}^1}\right|_G \\
&= \frac{1}{\Gamma_1}(L^1_{Y^1}(\mu b + \nu b - 1) + L^1\omega^1_{Q^1}) \\
&\quad - 2\frac{1}{\Gamma_2}(L^1\omega^1_{Q^1} - L^1_{Y^1}(1 - \mu b + \nu b)) \\
&\quad \cdot \frac{1}{\Gamma_1}((s_1 + m_1 - m_{21})(1 - \mu b - \nu b) - \omega^1_{Q^1}T^1_e) \\
&= \frac{2}{\Gamma_1\Gamma_2}\Big(2L^1_{Y^1}m_{21}(1 - \mu b + \nu b)(\mu b + \nu b - 1) \\
&\quad + L^1\omega^1_{Q^1}[(s_1 + m_1 + m_{21})(1 - \mu b + \nu b) \\
&\qquad\qquad - (s_1 + m_1 - m_{21})(1 - \mu b - \nu b)] \\
&\quad - L^1\omega^1_{Q^1}\omega^1_{Q^1}(T^2_{P^1} - T^1_{P^1} - T^1_e) \\
&\quad - L^1_{Y^1}\omega^1_{Q^1}[T^1_e(1 - \mu b + \nu b) - (T^2_{P^1} - T^1_{P^1})(1 - \mu b - \nu b)]\Big)
\end{aligned}
$$

Die ersten drei Summanden sind negativ. Dagegen ist das Vorzeichen des vierten Summanden unbestimmt; er hat das gleiche Vorzeichen wie der Ausdruck in eckigen Klammern

$$T^1_e(1 - \mu b + \nu b) - (T^2_{P^1} - T^1_{P^1})(1 - \mu b - \nu b) \quad ,$$

und es gilt

$$T^2_{P^1} - T^1_{P^1} > T^1_e > 0$$

aber

$$0 < 1 - \mu b - \nu b \leq 1 - \mu b + \nu b \quad .$$

Es kann nicht ausgeschlossen werden, daß der vierte Summand positiv ist und die negativen Summanden betragsmäßig überwiegt, so daß es im Ergebnis zu einer Abwertung kommt. Es gilt aber folgendes:

Für $\omega_{Q1}^1 = 0$ fällt der vierte Summand weg, so daß der Multiplikator negativ ist.

Für $b = 0$ ist

$$1 - \mu b - \nu b = 1 - \mu b + \nu b,$$

so daß auch der vierte Summand und damit der Multiplikator negativ ist.

Außerdem ist die folgende Bedingung, die im Text auf Seite 91 interpretiert wird, hinreichend dafür, daß der vierte Summand negativ ist:

$$\frac{T_{P1}^2}{T_e^1} \geq \frac{\nu}{\eta} \qquad \text{bzw.} \qquad T_e^1 \leq T_{P1}^2 \frac{\eta}{\nu} \qquad (*)$$

Das wird mit folgender Rechnung gezeigt:

$$\begin{aligned}
& T_e^1(1 - \mu b + \nu b) - (T_{P1}^2 - T_{P1}^1)(1 - \mu b - \nu b) \\
= \ & T_e^1(1 - \mu b + \nu b) - (T_{P1}^2 + T_{P1}^2 + T_e^1)(1 - \mu b - \nu b) \\
= \ & 2T_e^1 \nu b - 2T_{P1}^2(1 - \mu b - \nu b) \\
\leq \ & 2T_{P1}^2 \frac{\eta}{\nu} \nu b - 2T_{P1}^2(1 - \mu b - \nu b) \qquad \text{nach} \quad (*) \\
= \ & -2T_{P1}^2(1 - \eta b - \mu b - \nu b) \leq 0 \quad .
\end{aligned}$$

B.4 Zum Einfluß der Lohnindexierung auf die Konjunkturübertragung im Leitwährungsmodell

In diesem Anhang wird betrachtet, wie die Entwicklung des deutschen Sozialproduktes bei französischer Fiskalpolitik im Leitwährungsmodell vom Grad der Lohnindexierung b abhängt.

Dabei sollen die auf Seite 97 beschriebenen Ergebnisse gezeigt werden:

1. Im Gegensatz zum Grundmodell ist der Multiplikator für das deutsche Sozialprodukt i.a. nicht monoton steigend in b.
2. Wenn für $b = 1$ das deutsche Sozialprodukt steigt oder konstant ist[3], steigt es im Leitwährungsmodell für alle $0 < b < 1$.

Um diese Behauptungen zu zeigen, wird der Zähler des auf Seite 115 angegebenen Multiplikators untersucht.

Die Funktionen $M(b)$ (Multiplikator) und $Z(b)$ (Zähler) seien wie folgt definiert:

$$M(b) = \left.\frac{dY^1}{dG^2}\right|_{LW} = \frac{1}{\Gamma_1\Gamma_2} Z(b) \quad .$$

Die Funktionen $M(b)$ und $Z(b)$ haben stets das gleiche Vorzeichen.

Es gilt

$$\begin{aligned} Z(b) &= 4L^1\eta m_{21}(b - \mu b^2 + \nu b^2) \\ &\quad - 2\omega^1_{Q^1} L^1 \eta b (T^2_{P^1} - T^1_{P^1}) \\ &\quad + 2\omega^1_{Q^1} L^1 T^1_e (b - \mu b - \nu b) \end{aligned}$$

und $\quad Z(0) = 0.$

Die Ableitung $Z'(b)$ wird nun mit dem Wert von Z an der Stelle $b = 1$ verglichen:

$$\begin{aligned} Z(1) - Z'(b) &= 4L^1\eta m_{21}(1 - \mu + \nu - 1 + 2\mu b - 2\nu b) \\ &= 4L^1\eta m_{21}(\mu - \nu)(2b - 1) \gtreqless 0 \iff b \gtreqless \frac{1}{2}. \end{aligned}$$

$$\begin{aligned} \text{Es gilt also} \quad Z'(b) &> Z(1) \quad \text{für} \quad b < \frac{1}{2} \\ \text{und} \quad Z'(b) &< Z(1) \quad \text{für} \quad b > \frac{1}{2}. \end{aligned}$$

[3] Für $b = 1$ ist das deutsche Sozialprodukt in beiden Modellversionen gleich.

Für $Z(1) \geq 0$ bedeutet das, daß ausgehend von $Z(0) = 0$ die Funktion $Z(b)$ zunächst monoton steigt. Für $b > \frac{1}{2}$ kann sie wieder fallen, aber auf dem Intervall $[0, 1]$ nicht negativ werden, da $Z(1) \geq 0$ ist und Z als quadratische Funktion nur ein Extremum hat. Wenn also für $b = 1$ der Multiplikator $M(1)$ positiv oder gleich Null ist, so ist für $0 < b < 1$ der Zähler $Z(b)$ und somit der Multiplikator $M(b)$ positiv. Damit ist die 2. der eingangs aufgestellten Behauptungen gezeigt.

Für $Z(1) = 0$ folgt, daß $Z'(b) > 0$ für $b < \frac{1}{2}$ und $Z'(b) < 0$ für $b > \frac{1}{2}$. Für $0 < b < 1$ ist $Z(b)$ und damit $M(b)$ positiv, außerdem ist $Z(0) = Z(1) = 0$. Daraus folgt, daß der Multiplikator $M(b)$ nicht monoton in b ist, sondern für kleine b streng monoton steigt und in einer Umgebung von 1 streng monoton fällt. Hiermit ist die 1. Behauptung gezeigt. Weiterhin kann unter Verwendung von Eigenschaften gebrochen rationaler Funktionen gezeigt werden, daß auch $M(b)$ auf dem Intervall $[0, 1]$ höchstens ein Extremum haben kann. Das heißt, für $Z(1) = 0$ gibt es ein b_0, $0 < b_0 < 1$, so daß $M(b)$ streng monoton wachsend für $0 < b < b_0$ und steng monoton fallend für $b_0 < b < 1$ ist.

B.5 Stabilitätsbetrachtung

Die Stabilitätsbetrachtung für das Modell aus Kapitel 3 folgt dem üblichen Schema (vergl. GANDOLFO 1971, S.350ff.): Zunächst müssen Verhaltensannahmen über die dynamische Anpassung für den Fall, daß sich das System nicht im Gleichgewicht befindet, getroffen werden. Die lokale Stabilität des entstehenden Differentialgleichungssystems wird dann gezeigt, indem die Stabilität des um das Gleichgewicht linearisierten Systems bewiesen wird.

Auf die Stabilitätsuntersuchung des linearisierten Systems wird — unter Ausnutzung der Symmetrieannahmen — die AOKI-Methode angewandt. Dazu muß eine weitere Symmetrieannahme getroffen werden, nämlich daß die Anpassungsgeschwindigkeiten auf den Gütermärkten gleich sind.

Folgende Verhaltensannahmen über die Anpassung liegen der Stabilitätsbetrachtung zugrunde:

$$\frac{\partial Y^1}{\partial t} = k\,(P^{1N} - P^{1A}) = k\,\tilde{g}^1(Y^1, Y^2, P^2, e) \tag{B.1}$$

$$\frac{\partial Y^2}{\partial t} = k\,(P^{2N} - P^{2A}) = k\,\tilde{g}^2(Y^1, Y^2, P^1, e) \tag{B.2}$$

$$\begin{aligned} \frac{\partial e}{\partial t} &= k_3\,(\widetilde{M} + \widetilde{N} - (P^1 L^1(Y^1, i) + P^2 L^2(Y^2, i))) \\ &= k_3\,\tilde{g}^3(Y^1, Y^2, P^1, P^2) \end{aligned} \tag{B.3}$$

$$\begin{aligned} \frac{\partial R}{\partial t} &= k_4\,((P^1 L^1(Y^1, i) - M) - (P^2 L^2(Y^2, i) - N)) \\ &= k_4\,(P^1 L^1(Y^1, i) - P^2 L^2(Y^2, i) - 2R) = k_4\,\tilde{g}^4(Y^1, Y^2, P^1, P^2, R) \end{aligned} \tag{B.4}$$

k, k_3 und k_4 sind positive Konstante.

Dabei bezeichnet P^{1A} den Preis, zu dem ein gegebenes Sozialprodukt Y^1 bei gegebenen Preisen für Importgüter P^2 und e angeboten wird; er wird aus der Gleichung (3.6)(siehe S.63)

$$\omega^1(Q^1) = \frac{\bar{l}^1 \cdot I^1}{P^1}$$

bestimmt.

P^{1N} erhält man, wenn die Gleichgewichtsbedingung für den deutschen Gütermarkt

$$Y^1 = A^1(Y^1, i) + G^1 + T^1(Y^1, Y^2, Y^*, \frac{P^1}{P^2}, \frac{P^1}{eP^*})$$

nach P^1 aufgelöst wird. P^{1N} ist also der Preis, bei dem die Nachfrage nach deutschen Gütern einem gegebenen Output entspricht; er hängt neben Y^1 vom französischen Einkommen Y^2 und von den Preisen für Importgüter P^2 und e ab. Es wird angenommen, daß die Produktion ausgeweitet wird, wenn Überschußnachfrage herrscht, d.h. wenn $P^{1N} > P^{1A}$ gilt.[4] Das Analoge gilt für Frankreich; dabei wird angenommen, daß die Anpassungsgeschwindigkeiten in Deutschland und in Frankreich gleich sind.

Wenn das Gesamtgeldangebot in der Wechselkursunion größer ist als die Summe der Geldnachfragen, gibt es eine Tendenz zur Zinssenkung und somit zur Abwertung der Mark und des Franc gegenüber dem Dollar (Gleichung B.3). Schließlich verteilt sich die Gesamtgeldmenge durch Devisenmarktinterventionen entsprechend den in den einzelnen Unionsländern nachgefragten Mengen (Gleichung B.4). Die angegebenen Gleichungen (B.3) und (B.4) für die Entwicklung des Wechselkurses bzw. der Währungsreserven beziehen sich auf das Grundmodell und müssen für das Leitwährungsmodell modifiziert werden.

Für P^1 und P^2 werden in den Funktionen $\tilde{g}^1, \ldots, \tilde{g}^4$ die Angebotspreise P^{1A} und P^{2A} eingesetzt, die sich aus den beiden Gleichungen für das deutsche und das französische Güterangebot als Funktion der Einkommen Y^1 und Y^2 und des Wechselkurses e berechnen lassen. So entsteht ein Differentialgleichungssystem in den Variablen Y^1, Y^2, e und R:

$$\frac{\partial Y^1}{\partial t} = k\, g^1(Y^1, Y^2, e)$$

$$\frac{\partial Y^2}{\partial t} = k\, g^2(Y^1, Y^2, e)$$

$$\frac{\partial e}{\partial t} = k_3\, g^3(Y^1, Y^2, e)$$

[4] Die Verhaltensannahme, daß auf ein Ungleichgewicht auf dem Gütermarkt die Produktion reagiert, kann die Anpassung für alle betrachteten Fälle des gesamtwirtschaftlichen Angebotes beschreiben — auch im Fall eines vollkommen preiselastischen Güterangebotes, in dem P^{1A} konstant bzw. (bei Lohnindexierung) unabhängig von Y^1 ist. Dagegen könnte bei einem vollkommen preiselastischen Güterangebot nicht angenommen werden, daß auf eine Überschußnachfrage nach deutschen Gütern das deutsche Preisniveau reagiert.

$$\frac{\partial R}{\partial t} = k_4\, g^4(Y^1, Y^2, e, R) \quad .$$

Aufgrund der Symmetrieannahmen gilt, daß

$$g^1_{Y^1} = g^2_{Y^2}, \qquad g^1_{Y^2} = g^2_{Y^1} \qquad g^1_e = g^2_e$$

$$g^3_{Y^1} = g^3_{Y^2} \qquad g^4_{Y^1} = -g^4_{Y^2} \qquad g^4_e = 0 \quad .$$

Das Differentialgleichungssystem wird um das Gleichgewicht linearisiert; die Abweichung von den Gleichgewichtswerten (Y^1_0, Y^2_0, e_0, R_0) wird dabei mit ˆ bezeichnet, z.B.

$$\widehat{Y}^1 = Y^1 - Y^1_0$$

Das linearisierte System lautet:

$$\frac{\partial \widehat{Y}^1}{\partial t} = k\,(g^1_{Y^1}\widehat{Y}^1 + g^1_{Y^2}\widehat{Y}^2 + g^1_e \hat{e})$$

$$\frac{\partial \widehat{Y}^2}{\partial t} = k\,(g^1_{Y^1}\widehat{Y}^2 + g^1_{Y^2}\widehat{Y}^1 + g^1_e \hat{e})$$

$$\frac{\partial \hat{e}}{\partial t} = k_3\,(g^3_{Y^1}(\widehat{Y}^1 + \widehat{Y}^2) + g^3_e \hat{e})$$

$$\frac{\partial \widehat{R}}{\partial t} = k_4\,(g^4_{Y^1}(\widehat{Y}^1 - \widehat{Y}^2) - 2\widehat{R}) \quad .$$

Die Stabilität dieses Systems wird nicht direkt gezeigt, sondern anhand eines äquivalenten linearen Differentialgleichungssystems, das durch Anwendung der AOKI-Methode entsteht. Dazu werden die Summe und die Differenz der Gleichungen über die Anpassung auf den Gütermärkten gebildet:

$$\begin{pmatrix} \frac{\partial(\widehat{Y}^1 + \widehat{Y}^2)}{\partial t} \\ \frac{\partial \hat{e}}{\partial t} \\ \frac{\partial(\widehat{Y}^1 - \widehat{Y}^2)}{\partial t} \\ \frac{\partial \widehat{R}}{\partial t} \end{pmatrix} = \begin{pmatrix} k\,(g^1_{Y^1} + g^1_{Y^2}) & 2k\,g^1_e & 0 & 0 \\ k_3\,g^3_{Y^1} & k_3\,g^3_e & 0 & 0 \\ 0 & 0 & k\,(g^1_{Y^1} - g^1_{Y^2}) & 0 \\ 0 & 0 & k_4\,g^4_{Y^1} & -2 \end{pmatrix} \begin{pmatrix} \widehat{Y}^1 + \widehat{Y}^2 \\ \hat{e} \\ \widehat{Y}^1 - \widehat{Y}^2 \\ \widehat{R} \end{pmatrix}$$

(B.5)

Dabei gilt

$$g^1_{Y^1} + g^1_{Y^2} = \frac{s_1 + m_1 - m_{21}}{T^1_{P^1}} + \frac{-T^1_e \omega^1_{Q^1}}{T^1_{P^1}(1 - \mu b - \nu b)} < 0$$

$$g^1_e = \frac{2T^1_e(b-1)}{T^1_{P^1}(1 - \mu b - \nu b)} \geq 0$$

$$g^3_{Y^1} = L^1 \frac{\omega^1_{Q^1}}{1 - \mu b - \nu b} - L^1_{Y^1} < 0$$

$$g^3_e = -\frac{2\eta}{1 - \mu b - \nu b} < 0$$

$$g^1_{Y^1} - g^1_{Y^2} = \frac{s_1 + m_1 + m_{21}}{T^1_{P^1}} + \frac{T^1_{P^2} - T^1_{P^1}}{T^1_{P^1}} \frac{-\omega^1_{Q^1}}{1 - \mu b + \nu b} < 0$$

$$g^4_{Y^1} = L^1_{Y^1} - \frac{\omega^1_{Q^1}}{1 - \mu b + \nu b} > 0 \quad .$$

Es bleibt zu zeigen, daß die Eigenwerte der Koeffizientenmatrix in Gleichung (B.5) negativen Realteil haben.

Das charakteristische Polynom lautet

$$f(\lambda) = (-2k_4 - \lambda)(k(g^1_{Y^1} - g^1_{Y^2}) - \lambda) \cdot \det \begin{pmatrix} k(g^1_{Y^1} + g^1_{Y^2}) - \lambda & 2kg^1_e \\ k_3 g^3_{Y^1} & k_3 g^3_e - \lambda \end{pmatrix} . \tag{B.6}$$

Für die Eigenwerte gilt also

$$\lambda_1 = -2k_4 < 0, \qquad \lambda_2 = k(g^1_{Y^1} - g^1_{Y^2}) < 0,$$

und λ_3, λ_4 sind die Lösungen der quadratischen Gleichung

$$\lambda^2 + a\lambda + b = 0$$

mit

$$a = -(k(g^1_{Y^1} + g^1_{Y^2}) + k_3 g^3_e) > 0$$

und

$$b = \det \begin{pmatrix} k(g^1_{Y^1} + g^1_{Y^2}) & 2kg^1_e \\ k_3 g^3_{Y^1} & k_3 g^3_e \end{pmatrix} > 0$$

Somit ist

$$\lambda_3 = -\frac{a}{2} + \sqrt{\left(\frac{a}{2}\right)^2 - b} \qquad \text{und} \qquad \lambda_4 = -\frac{a}{2} - \sqrt{\left(\frac{a}{2}\right)^2 - b} \quad .$$

Falls

$$\sqrt{\left(\frac{a}{2}\right)^2 - b}$$

reell ist, ist es betragsmäßig kleiner als $-\frac{a}{2}$, so daß auch λ_3 und λ_4 negativen Realteil haben.

Im Leitwährungsmodell gilt für die Anpassung des Wechselkurses und der Währungsreserven (vergl. Gleichung B.3 und B.4)

$$\begin{aligned} \frac{\partial e}{\partial t} &= k_3\,(\widetilde{M} + \widetilde{N} - (P^1 L^1(Y^1, i) + P^2 L^2(Y^2, i)) - R) \\ &= k_3\,(\tilde{g}^3(Y^1, Y^2, P^1, P^2) - R) \end{aligned}$$

$$\begin{aligned} \frac{\partial R}{\partial t} &= k_4\,(P^1 L^1(Y^1, i) - P^2 L^2(Y^2, i) - R) \\ &= k_4\,(\tilde{g}^4(Y^1, Y^2, P^1, P^2, R) + R) \end{aligned}$$

Die Betrachtung kann analog durchgeführt werden, und die zu betrachtende Koeffizientenmatrix unterscheidet sich nur in der 4. Spalte von der des Grundmodells (Gleichung B.5):

$$\begin{pmatrix} k\,(g^1_{Y^1} + g^1_{Y^2}) & 2k\,g^1_e & 0 & 0 \\ k_3\,g^3_{Y^1} & k_3\,g^3_e & 0 & -k_3 \\ 0 & 0 & k\,(g^1_{Y^1} - g^1_{Y^2}) & 0 \\ 0 & 0 & k_4\,g^4_{Y^1} & -k_4 \end{pmatrix}$$

Für diese Matrix lautet das charakteristische Polynom

$$h(\lambda) = (-k_4 - \lambda)(k(g^1_{Y^1} - g^1_{Y^2}) - \lambda) \cdot \det \begin{pmatrix} k(g^1_{Y^1} + g^1_{Y^2}) - \lambda & 2kg^1_e \\ k_3 g^3_{Y^1} & k_3 g^3_e - \lambda \end{pmatrix},$$

es unterscheidet sich von $f(\lambda)$ (Gleichung B.6 S.124) nur im ersten Faktor. Die Nullstellen λ_2, λ_3 und λ_4 von $f(\lambda)$ sind also auch Nullstellen von $h(\lambda)$, die vierte Lösung ist $\lambda_1' = -k_4 < 0$. Die Eigenwerte der zu untersuchenden Matrix für das Leitwährungsmodell haben somit alle einen negativen Realteil.

Für die oben erläuterten Verhaltensannahmen über die dynamische Anpassung bei Abweichung von den Gleichgewichtswerten ist das Gleichgewicht also auch im Leitwährungsmodell lokal stabil.

Literaturverzeichnis

ALLEN, P.R., P.B. KENEN (1980), Asset Markets, Exchange Rates and Economic Integration, Cambridge (University Press).

AMBLER, S. (1989), The International Transmission of Policy Announcement Effects, Journal of International Money and Finance 8, 219-232.

AOKI, M. (1981), Dynamic Analysis of Open Economies, New York (Academic Press).

ARGY, V. J. SALOP (1983), Price and Output Effects of Monetary and Fiscal Expansion in a Two-Country World under Flexible Exchange Rates, Oxford Economic Papers 35, 228-246.

ARNDT, S.W. (1973), Joint Balance: Capital Mobility and the Monetary System of a Currency Area, in: H.G. JOHNSON, A.K. SWOBODA, eds., The Economics of Common Currencies, Cambridge, Mass., (Harvard University Press), 196-209.

BEGG, D., WYPLOSZ, Ch. (1987), Why the EMS? Dynamic Games and the Equilibrium Policy Regime, in: R.C. BRYANT, R. PORTES, eds., Global Macroeconomics, London (MacMillan), 191-232.

BENDER, D. (1983), Nettoinvestition, Lohnbildung und Beschäftigung bei flexiblen Wechselkursen, in: M. FELDSIEPER, R. GROSS, Hrsg., Wirtschaftspolitik in weltoffener Wirtschaft, Berlin (Verlag Duncker & Humblot), 29-45.

BHANDARI, J.S. (1985), World Trade Patterns, Economic Disturbances, and Exchange-Rate Management, Journal of International Money and Finance, 4, 331-360.

BHANDARI, J.S. (1987), Studies in International Macroeconomics, New York (Greenwood Press).

BOFINGER, P. (1988), Das Europäische Währungssystem und die geldpolitische Koordination in Europa, Kredit und Kapital 21, 317-345.

BRANSON, W. (1972), Macroeconomic Equilibrium with Portfolio Balance in Open Economies, Seminar Paper No. 22, Institute for International Studies, Universität Stockholm.

BRANSON, W., (1976), Asset Markets and Relative Prices in Exchange Rate Determination, Seminar Paper No. 66, Institute for International Studies, Universität Stockholm.

BUITER, W.H. (1986), Macroeconomic Policy Design in an Interdependent World Economy, IMF Staff Papers 33, 541-582.

CANZONERI, M.B. (1982), Exchange Rate Intervention Policy in a Multiple Country World, Journal of International Economics 13, 267-289.

CASAS, F. (1975), Efficient Macroeconomic Stabilization Policies Under Floating Exchange Rates, International Economic Review 16, 682-698.

COLLINS, C. (1988), Inflation and the European Monetary System, in: F. GIAVAZZI, S. MICOSSI, M. MILLER, eds., The European Monetary System, Cambridge (University Press), 112-136.

DEUTSCHE BUNDESBANK (1979), Das Europäische Währungssystem, in: Monatsberichte der Deutschen Bundesbank, März 1979.

DEUTSCHE BUNDESBANK (1989), Wechselkursentwicklung im Europäischen Währungssystem: Erfahrungen nach 10 Jahren, in: Monatsberichte der Deutschen Bundesbank, November 1989.

DEUTSCHE BUNDESBANK, Geschäftsbericht der Deutschen Bundesbank, verschiedene Jahre, Frankfurt am Main.

FELDSIEPER, M. (1980), Währungsunionen II: Zielsetzungen und Probleme, in: W. ALBERS u.a. (Hrsg), Handwörterbuch der Wirtschaftswissenschaften (HdWW) Bd.8, 546-562.

FEUERSTEIN, S., J. SIEBKE (1988), Wechselkursunion und Stabilitätspolitik, Diskussionspapier Nr. 123, Wirtschaftswissenschaftliche Fakultät, Universität Heidelberg. Gekürzt erschienen als FEUERSTEIN/SIEBKE (1990).

FEUERSTEIN, S., J. SIEBKE (1990), Wechselkursunion und Stabilitätspolitik, Zeitschrift für Wirtschafts- und Sozialwissenschaften, 359-380.

FLEMING, M. (1962), Domestic Financial Policies Under Fixed and Under Floating Exchange Rates, IMF Staff Papers 9, 369-379; abgedruckt in: M. FLEMING, Essays in International Economics, London 1971.

GANDOLFO, G. (1971), Mathematical Methods and Models in Economic Dynamics, Amsterdam und London (North Holland).

GIAVAZZI, F., A. GIOVANNINI (1987), Models of the EMS: is Europe a Greater Deutschmark Area?, in: R.C. BRYANT, R. PORTES, eds., Global Macroeconomics, London (MacMillan) 237-271.

GIAVAZZI, F., A. GIOVANNINI, (1989), Limiting Exchange Rate Flexibility: The European Monetary System, Cambridge, Mass. und London, England (The MIT Press).

GIAVAZZI, F., S. MICOSSI, M. MILLER (1988), eds., The European Monetary System, Cambridge (University Press).

GIRTON, L., D.W. HENDERSON (1976a) Financial Capital Movements and Central Bank Behaviour in a Two-Country, Short-Run Portfolio Balance Model, Journal of Monetary Economics 2, 33-61.

GIRTON, L., D.W. HENDERSON (1976b), Central Bank Operations in Foreign and Domestic Assets Under Fixed and Flexible Exchange Rates, in: International Finance Discussion Paper 83.

GIRTON, L., D.W. HENDERSON (1976c), Critical Determinants of the Effectiveness of Monetary Politics in the Open Economy, in: M. FRATIANNI, K. TAVERNER, eds., Bank Credit, Money and Inflation in Open Economies, Amsterdam (North Holland), S. 231-283.

GRAUWE, P. de (1984), Macroeconomic Theory for the Open Economy, Hampshire (Gower).

GRAY, J.A. (1976), Wage Indexation: A Macroeconomic Approach, Journal of Monetary Economics 2, 221-235.

GRIES, T. (1989), Zum Problem internationaler Interdependenzen von Finanz- und Gütermärkten: Eine Drei- Länder-Betrachtung, Frankfurt (Peter Lang).

HAGEN, J.v. (1989), Monetary Targeting with Exchange Rate Constraints: The Bundesbank in the 1980s, Review of the Federal Reserve Bank of St.Louis, Sept./Oct.1989, 53-69.

HAMADA, K. (1985), The Political Economy of International Monetary Interdependence, Cambridge MA and London (MIT Press).

ISSING, O. (1988), Hrsg., Wechselkursstabilisierung, EWS und Weltwährungssystem, Hamburg (Veröffentlichungen des HWWA-Instituts für Wirtschaftsforschung Hamburg).

LEVIN, J. (1983), A Model of Stabilization Policy in a Jointly Floating Currency Area, in: J.S. BHANDARI, B.H. PUTNAM, eds., Economic Interdependence and Flexible Exchange Rates, Cambridge MA and London (MIT Press), 329-349.

MACEDO, J.B. de (1985), Collective Pegging to a Single Currency: The West African Monetary Union, NBER Working Paper No. 1574.

MACEDO, J.B. de (1986), Small Countries in Monetary Unions, A Two-Tier Model, Journal of Economic Dynamics and Control 10, 275-280.

MARSTON, R.C. (1980), Cross Country Effects of Sterilization, Reserve Currencies and Foreign Exchange Intervention, Journal of International Economics 10, 63-78.

MARSTON, R.C. (1984), Exchange Rate Unions as an Alternative to Flexible Rates: The Effects of Real and Monetary Disturbances, in: J.F.O. BILSON, R.C. MARSTON, eds., Exchange Rate Theory and Practice, Chicago, 407-442.

MARSTON, R.C. (1985), Financial Disturbances and the Effects of an Exchange Rate Union, in: J: BHANDARI, ed., Exchange Rate Management under Uncertainty, Cambridge, Mass. (MIT Press), 272-291.

MARSTON, R.C. (1986), The Effects of Coordinated Foreign Exchange Intervention in an Exchange-Rate Union. The Economic Studies Quarterly, vol.37, S.151-164.

MASTROPASQUA, C., S. MICOSSI, R. RINALDI (1988), Interventions, Sterilisation and Monetary Policy in European Monetary System Countries, 1979-87, in: F. GIAVAZZI, S. MICOSSI, M. MILLER, eds., The European Monetary System, Cambridge (University Press), 252-287.

MELITZ, J. (1988), Monetary Discipline, Germany and the European Monetary System, Kredit und Kapital 21, 481-512.

MILLER, M.H., J. WILLIAMSON (1988), The International Monetary System, European Economic Review 32, 1031-1054

MOUTOS, T., W. SCARTH (1988), Stabilization Policy within a Currency Area, Scottish Journal of Political Economy 35, 387-397.

MUNDELL, R.A. (1963), Capital Mobility and Stabilization Policy under Fixed and Flexible Exchange Rates, Canadian Journal of Economics and Political Science 29, 475-485; wenig verändert in: R.A. MUNDELL, Internatonal Economics, New York 1968, chapter 18.

MUNDELL, R.A. (1964) Capital Mobility and Size, Canadian Journal of Economics and Political Science 30, 421-431; wenig verändert in: R.A. MUNDELL, International Economics, New York 1968, chapter 18, appendix.

OBSTFELD, M. (1983), Exchange Rates, Inflation and the Sterilization Problem: Germany 1975-1981, European Economic Review 21, S.161-189.

OHR, R. (1980), Internationale Interdependenz nationaler Geld- und Gütermärkte bei flexiblen Wechselkursen, Hamburg (Veröffentlichungen des HWWA-Instituts für Wirtschaftsforschung Hamburg).

OHR, R. (1990a), EWS: Gemeinsamkeiten und Unterschiede zum Bretton-Woods-System, in: R. Hasse, W. Schäfer (Hrsg.), Europäische Zentralbank: Europas Währungspolitik im Wandel, Göttingen (Vandenhoeck & Ruprecht), 32-52.

OHR, R. (1990b), Währungsunion zur Lösung realwirtschaftlicher Probleme?, das wirtschaftsstudium (wisu), 19(4), 217-219.

PLOEG, F. van der (1989), Fiscal Aspects of Monetary Integration in Europe, CEPR Discussion Paper No. 340, London.

RANKIN, N. (1989), Monetary, Fiscal and Exchange Intervention Policy in an Two-Country Intertemporal Disequilibrium Model, European Economic Review 33, 1463-1480.

ROSE, K., K. SAUERNHEIMER (1983), Zur Theorie eines „Mischwechselkurssystems“, in: M. FELDSIEPER, R. GROSS, Hrsg., Wirtschaftspolitik in weltoffener Wirtschaft, Berlin (Verlag Duncker & Humblot), 16-28.

SACHS, J. (1980), Wages, Flexible Exchange Rates, and Macroeconomic Policy, Quarterly Journal of Economics 94, 731-747.

SAUERNHEIMER, K. (1984), „Fiscal Policy“ in einer Wechselkursunion, Finanzarchiv 42, 143-157.

SAUERNHEIMER, K. (1987), Determinanten der Geldnachfrage in offenen Volkswirtschaften, in: Claus KÖHLER, Rüdiger POHL, Hrsg., Aspekte der Geldpolitik in offenen Volkswirtschaften, Berlin (Duncker & Humblot), 43-59.

SCHNEIDER, Ch. (1990), Die internationale Transmission der Fiskalpolitik eines großen Landes, Dissertation, Universität Heidelberg

TOBIN, J. (1969), A General Equilibrium Approach to Monetary Theory, Journal of Money, Credit and Banking, Vol.1, 15- 29.

TURNOVSKY S.J. (1986), Monetary and Fiscal Policy under Perfect Foresight: A Symmetric Two-country Analysis, Economica 53, 139-157.

TURNOVSKY, S.J. (1981), Monetary Policy and Foreign Price Disturbances under Flexible Exchange Rates: A Stochastic Approach, Journal of Money, Credit and Banking, 14, 156-176.

TURNOVSKY, S.J., V. d'OREY (1989), The Choice of Monetary Instruments in two Interdependent Economies, Journal of Monetary Economics 23, 121-133.

WILLMS, M. (1990), Währung, in: D. BENDER u.a. (Hrsg), Vahlens Kompendium der Wirtschaftstheorie und Wirtschaftspolitik, Band 1, 4. Auflage, München (Franz Vahlen), 219-263.

Wirtschaftswissenschaftliche Beiträge

Band 28: Ingo Heinz und Renate Klaaßen-Mielke
Krankheitskosten durch Luftverschmutzung
1990. 147 Seiten. Brosch. DM 55,-
ISBN 3-7908-0471-1

Band 29: Brigitte Kalkofen
Gleichgewichtsauswahl in strategischen Spielen
1990. 214 Seiten. Brosch. DM 65,-
ISBN 3-7908-0473-8

Band 30: Klaus G. Grunert
Kognitive Strukturen in der Konsumforschung
1990. 290 Seiten. Brosch. DM 75,-
ISBN 3-7908-0480-0

Band 31: Stefan Felder
Eine neo-österreichische Theorie des Vermögens
1990. 118 Seiten. Brosch. DM 49,-
ISBN 3-7908-0484-3

Band 32: Götz Uebe (Hrsg.)
Zwei Festreden Joseph Langs
1990. 116 Seiten. Brosch. DM 55,-
ISBN 3-7908-0487-8

Band 33: Uwe Cantner
Technischer Fortschritt, neue Güter und internationaler Handel
1990. 289 Seiten. Brosch. DM 75,-
ISBN 3-7908-0488-6

Band 34: Wolfgang Rosenthal
Der erweiterte Maskengenerator eines Software-Entwicklungs-Systems
1990. 275 Seiten. Brosch. DM 75,-
ISBN 3-7908-0492-4

Band 35: Ursula Nessmayr
Die Kapitalsituation im Handwerk
1990. 177 Seiten. Brosch. DM 59,-
ISBN 3-7908-0495-9

Band 36: Henning Wüster
Die sektorale Allokation von Arbeitskräften bei strukturellem Wandel
1990. 148 Seiten. Brosch. DM 55,-
ISBN 3-7908-0497-5

Band 37: Rudolf Hammerschmid
Entwicklung technisch-wirtschaftlich optimierter regionaler Entsorgungsalternativen
1990. 239 Seiten. Brosch. DM 68,-
ISBN 3-7908-0499-1

Band 38: Peter Mitter / Andreas Wörgötter (Hrsg.)
Austro-Keynesianismus
1990. 102 Seiten. Brosch. DM 55,-
ISBN 3-7908-0514-9

Band 39: Alfred Katterl/ Kurt Kratena
Reale Input-Output Tabelle und ökologischer Kreislauf
1990. 114 Seiten. Brosch. DM 55,-
ISBN 3-7908-0515-7

Band 40: Anette Gehrig
Strategischer Handel und seine Implikationen für Zollunion
1990. 174 Seiten. Brosch. DM 65,-
ISBN 3-7908-0519-X

Band 41: Gholamreza Nakhaeizadeh/ Karl-Heinz Vollmer (Hrsg.)
Anwendungsaspekte von Prognoseverfahren
1990. 169 Seiten. Brosch. DM 59,-
ISBN 3-7908-0519-X

Band 42: Claudia Fantapié Altobelli
Die Diffusion neuer Kommunikationstechniken in der Bundesrepublik Deutschland
1991. 319 Seiten. Brosch. DM 79,-
ISBN 3-7908-0525-4

Band 43: Josef Richter
Aktualisierung und Prognose technischer Koeffizienten in gesamtwirtschaftlichen Input-Output Modellen
1991. 376 Seiten. Brosch. DM 89,-
ISBN 3-7908-0529-7

Band 44: Elmar Spranger
Expertensystem für Bilanzpolitik
1991. 228 Seiten. Brosch. DM 69,-
ISBN 3-7908-0532-7

Band 45: Frank Schneider
Corporate-Identity-orientierte Unternehmenspolitik
1991. 295 Seiten. Brosch. DM 79,-
ISBN 3-7908-0533-5

Band 46: Beat Gygi
Internationale Organisationen aus der Sicht der Neuen Politischen Ökonomie
1991. 258 Seiten. Brosch. DM 75,-
ISBN 3-7908-0537-8

Band 47: Ludwig Hennicke
Wissensbasierte Erweiterung der Netzplantechnik
1991. 194 Seiten. Brosch. DM 55,-
ISBN 3-7908-0544-0

Band 48: Torsten Knappe
DV-Konzepte operativer Früherkennungssysteme
1991. 176 Seiten. Brosch. DM 55,-
ISBN 3-7908-0545-9

Band 49: Peter Welzel
Strategische Handelspolitik
1991. 207 Seiten. Brosch. DM 69,-
ISBN 3-7908-0546-7

Band 50: Hartmut Wiethoff
Risk Management auf spekulativen Märkten
1991. 202 Seiten. Brosch. DM 69,-
ISBN 3-7908-0549-1

Band 51: Rainer Riedl
Strategische Planung von Informationssystemen
1991. 227 Seiten. Brosch. DM 75,-
ISBN 3-7908-0548-3

Band 52: Klaus Sandmann
Arbitrage und die Bewertung von Zinssatzoptionen
1991. 172 Seiten. Brosch. DM 65,-
ISBN 3-7908-0551-3

Band 53: Peter Engelke
Integration von Forschung und Entwicklung in die unternehmerische Planung und Steuerung
1991. 351 Seiten. Brosch. DM 98,-
ISBN 3-7908-0556-4

Band 54: Frank Blumberg
Wissensbasierte Systeme in Produktionsplanung und -steuerung
1991. 268 Seiten. Brosch. DM 79,-
ISBN 3-7908-0557-2

Band 55: Pay Uwe Paulsen
Sichtweisen der Wechselkursbestimmung
1991. 264 Seiten. Brosch. DM 75,-
ISBN 3-7908-0561-0

Band 56: Barbara Sporn
Universitätskultur
1991. 213 Seiten. Brosch. ca. DM 75,-
ISBN 3-7908-0563-7

Wirtschaftswissenschaftliche Beiträge

Band 57: Arnis Vilks
Neoklassik, Gleichgewicht und Realität
1991. 112 Seiten. Brosch. DM 59,-
ISBN 3-7908-0569-6

Band 58: Mathias Erlei
Unvollkommene Märkte in der keynesianischen Theorie
1991. 267 Seiten. Brosch. DM 79,-
ISBN 3-7908-0571-8

Band 59: Doris Ostrusska
Systemdynamik nichtlinearer Marktreaktionsmodelle
1992. 178 Seiten. Brosch. DM 68,-
ISBN 3-7908-0582-3

Band 60: Georg Bol/Gholamreza Nakhaeizadeh/Karl-Heinz Vollmer (Hrsg.)
Ökonometrie und Monetärer Sektor
1992. 238 Seiten. Brosch. DM 75,-
ISBN 3-7908-0582-3

GPSR Compliance

The European Union's (EU) General Product Safety Regulation (GPSR) is a set of rules that requires consumer products to be safe and our obligations to ensure this.

If you have any concerns about our products, you can contact us on ProductSafety@springernature.com

In case Publisher is established outside the EU, the EU authorized representative is:

Springer Nature Customer Service Center GmbH
Europaplatz 3
69115 Heidelberg, Germany

Batch number: 10816188

Printed by Printforce, the Netherlands